ACCESO GRATIS *a la Lectura en la Nube*

Para visualizar el libro electrónico en la nube de lectura envíe junto a su nombre y apellidos una fotografía del código de barras situado en la contraportada del libro y otra del ticket de compra a la dirección:

ebooktirant@tirant.com

En un máximo de 72 horas laborales le enviaremos el código de acceso con sus instrucciones.

LITIGIOS PRIVADOS INTERNACIONALES SOBRE PRESTACIÓN DE ALIMENTOS

LITIGIOS PRIVADOS INTERNACIONALES SOBRE PRESTACIÓN DE ALIMENTOS

Alfonso Ortega Giménez

tirant lo blanch
Valencia, 2025

En caso de erratas y actualizaciones, la Editorial Tirant lo Blanch publicará la pertinente corrección en la página web www.tirant.com.

Director de la colección
CUADERNOS DE TRANSFERENCIA DE CONOCIMIENTO
Alfonso Ortega Giménez
Profesor Titular de Derecho internacional privado
de la Universidad Miguel Hernández de Elche

EDITA: TIRANT LO BLANCH
C/ Artes Gráficas, 14 - 46010 - Valencia
TELFS.: 96/361 00 48 - 50
FAX: 96/369 41 51
Email: tlb@tirant.com
www.tirant.com
Librería virtual: www.tirant.es
DEPÓSITO LEGAL: V-722-2025
ISBN: 978-84-1095-898-2
MAQUETA: Innovatext

Si tiene alguna queja o sugerencia, envíenos un mail a: *atencioncliente@tirant.com*. En caso de no ser atendida su sugerencia, por favor, lea en *www.tirant.net/index.php/empresa/politicas-de-empresa* nuestro procedimiento de quejas.

Responsabilidad Social Corporativa:
http://www.tirant.net/Docs/RSCTirant.pdf

Índice

Nota sobre el autor

ALFONSO ORTEGA GIMÉNEZ es **Doctor Honoris Causa** otorgado por la Universidad de San Lorenzo (UNISAL), 2024. **Doctor Honoris Causa** por la Universidad Autónoma San Sebastián de San Lorenzo-UASS, 2022; **Doctor Honoris Causa** por el Instituto Interamericano de Investigación y Docencia en Derechos Humanos, en la Universidad Juárez Autónoma de Tabasco (México), 2021; **Doctor en Derecho**, 2014 (Calificación: Sobresaliente *Cum Laude* por unanimidad); Premio extraordinario de Doctorado, 2018; Licenciado en Derecho, 2000; y, **Master en Comercio Internacional** por la Universidad de Alicante, 2001.

Profesor Titular de Derecho internacional privado en la Universidad Miguel Hernández de Elche. Director del Observatorio Provincial de la Inmigración de Alicante. Vicedecano de Grado en Derecho de la Facultad de Ciencias Sociales y Jurídicas de Elche. Director del Máster Universitario en Abogacía de la Universidad Miguel Hernández (UMH) de Elche, desde el curso académico 2021/2022. **Director de la Cátedra de Relaciones Privadas Internacionales UMH-ICAO de la Universidad Miguel Hernández de Elche**, desde marzo de 2022. También es **Magistrado Suplente de la Audiencia Provincial de Castellón** desde 2022; **Académico de Honor de la Academia Internacional de Ciencias, Tecnología, Educación y Humanidades**, desde 2018; **Vocal del Observatorio Valenciano de la Inmigración** (Resolución de 09 de abril de 2010, del Presidente del Observatorio Valenciano de la Inmigración, Conseller de Solidaritat y Ciudadania de la Generalitat Valenciana); **Docente homologado, con carácter definitivo, por ICEX España Exportación e Inversiones**, en Madrid (España), a fecha 29 de mayo de 2024; y, **Profesor en el Programa de Doctorado en Creación Artística de la Universidad Miguel Hernández de Elche**, impartido en la Facultad de Bellas Artes de Altea, desde el año 2024.

Es Consultor de Derecho internacional privado de la Universitat Oberta de Catalunya (UOC), desde el segundo semestre del curso académico 2008/2009, y **Consejero académico del despacho de Abogados ARA Y ASOCIADOS, con sede principal en Alicante y oficinas en Murcia, Madrid y Beijing (China) y de la Asesoría GRUPO ASESOR ROS, con sede en Elche.**

Tiene **reconocidos por la CNEAI tres Sexenios de Investigación correspondientes al tramo 2002-2007 (Fecha concesión: 23/10/19), al tramo 2009-2017 (Fecha concesión: 21/06/18)**, al **tramo 2018-2023 (Fecha concesión: 09/05/2024)** y al **tramo 2018-2023 (Fecha**

concesión: 9/05/24). Reconocido también, en su día, un Sexenio de Investigación correspondiente al tramo 2010-2016 por la AVAP (Fecha concesión: 18/01/18).

Miembro de la Asociación para la Docencia e Innovación en Derecho (Ludoteca Jurídica), desde julio de 2021. Miembro de la Asociación de Política Exterior Española. Miembro de la Asociación de Derecho del Arte (ADA). Miembro de Número del Capítulo Reino de España, otorgado por la Academia Norte-Americana de Literatura Moderna Internacional y por la Junta Directiva del Estado de New Jersey (EE.UU.). Miembro del ELI (*European Law Institute*). Miembro de la Red Española de Política Social-REPS. Miembro de la Sociedad Latinoamericana de Derecho Internacional-SLADI. Miembro de la Asociación Americana de Derecho Internacional Privado-ASADIP. Miembro de número de la Asociación Española de Profesores de Derecho Internacional y Relaciones Internacionales-AEPDIRI; Miembro de la Asociación Española para el Fomento de la Seguridad de la Información-ISMS Forum Spain; Ha sido Vicepresidente de la Asociación del Master en Comercio Internacional de la Universidad de Alicante-AMCI hasta julio 2018; Miembro de la Asociación Española para el Estudio del Derecho Europeo-AEDEUR; Miembro de la Asociación Castellano-Manchega de Sociología-ACMS. Miembro de la Asociación Española de Derecho del Entretenimiento-DENAE. Miembro del Instituto de Derecho Iberoamericano-IDIBE.

Ha recibido numerosos premios en docencia e investigación: Nominado a los Premios EDUCA ABANCA Mejor Docente de España 2024 en la categoría de UNIVERSIDAD tras haber sido propuesto/a por su alumnado y seleccionado/a por el Comité de Baremación del Certamen. El evento está organizado por la plataforma educativa EDUCA en colaboración con la fundación ABANCA Obra Social. El certamen ha recibido un total de 1908 propuestas de toda España. Los premios buscan reconocer la buena praxis docente en todas las etapas educativas de todos los centros públicos y privados que imparten titulaciones oficiales, en A Coruña, a 30 de septiembre de 2024. Visitante ilustre por su honorable visita de impacto previsto en la comunidad de la Universidad de San Lorenzo (UNISAL), en Paraguay, a 21 de junio de 2024. Mención de reconocimiento DOCENTE DESTACADO por su loable, abnegada e inspiradora trayectoria como docente en Educación Superior trascendiendo en su andar como ejemplo de calidad educativa, en la Universidad de San Lorenzo (UNISAL)-Paraguay, a 19 de junio de 2024. Premio UMH al Talento Docente para el año 2023, dentro de la rama académica de CIENCIAS SOCIALES, JURIDICAS Y HUMANIDADES por Resolución Rectoral Nº. 03610/2023, de fecha 04 de diciembre de 2023, según las bases para la concesión de los Premios al Talento Docente en el marco del Programa Docentia-UMH, aprobadas por Consejo de Gobierno de la Universidad Miguel Hernández de Elche en sesión de 25 de enero de 2023, en Elche, a 4 de diciembre de 2023. Certificado de calidad docente EXCELENTE, valoración final obtenida en el proceso de evaluación de las actividades docentes desarrolladas en el periodo curso inicial 2018/2019 – curso final 2021/2022, realizado de acuerdo con los criterios y procedimientos establecidos en el PROGAMA DOCENTIA-UMH, evaluado positivamente por la ANECA, con fecha 27 de febrero de 2013, en la Universidad Miguel Hernández de Elche, a 30 de noviembre de 2023. Visitante Ilustre de la Universidad San Lorenzo (UNISAL), otorgado por el Consejo Académico mediante Resolución N. º 110/2022-CSU, en Paraguay, a 5 de diciembre de 2022. Premio "INSTITUTO VASCO DE DERECHO PROCESAL" de Artículos Doctrinales sobre el fomento del estudio del Derecho Procesal, en su XII Edición por el trabajo inédito titulado "Resolución de problemas de competencia judicial internacional y de determinación de la ley aplicable en materia de derechos reales en España", en San Sebastián (País Vasco), 11 de octubre de 2022. Premio en la convocatoria de "Premios UMH al Talento Docente" para el año 2021, dentro de la rama académica de Ciencias Sociales, Jurídicas y Humanidades, por Resolución Rectoral nº 04858/21, de fecha 23 de noviembre de 2021, en el marco del PROGRAMA DOCENTIA-UMH, aprobadas por el Consejo de Gobierno de la Universidad Miguel Hernández de Elche, en sesión de 14 de diciembre de 2020, en Elche, a 02 de diciembre de 2021. Ganador *ex-aequo* en la categoría "Aula responde" del XVIII del Certamen Innova-Emprende de la Universidad Miguel Hernández de Elche, en Elche, a 1 de julio de 2021. Premio en el I Certamen de Artículos Jurídicos Breves del Derecho del Entretenimiento y Tecnologías de la información, organizado por la Asociación Española de Derecho del Entretenimiento —DENAE—, por el artículo "Los "contratos inteligentes" (Smart Contracts) ni son "contratos" ni son "inteligentes", en Madrid, a 24 de junio de 2020. Premio "Instituto Vasco de Derecho Procesal" en su IX Edición, por el trabajo "La alegación y prueba del Derecho extranjero tras la nueva Ley de Cooperación Jurídica Internacional", en Donostia-San Sebastián, a 29 de noviembre de 2019. Cruz al Mérito, en virtud de su destacada y meritoria labor académica y científica profesional, acordado por la Junta de Gobierno de la Academia Internacional de Ciencias, Tecnología, Educación y Humanidades, en Valencia, a 9 de noviembre de 2019. Reconocimiento al Mérito Universitario, en virtud de su destacada y meritoria labor académica y científica profesional, acordado por la Junta de Gobierno de la Academia Internacional de Ciencias, Tecnología, Educación y Humanidades, en Valencia, a 9 de noviembre de 2019. Premio a la excelencia en la práctica jurídica de Economist & Jurist, en Madrid, 3 de diciembre de 2018. Premio UMH 2018 a la Productividad Investigadora, otorgado por el Vicerrector de Investigación e Innovación de la Universidad Miguel Hernández de Elche. Premio UMH 2017 a la Productividad Investigadora, otorgado por el Consejo de Gobierno de la Universidad Miguel Hernández de Elche. Premio "Investigación" en la modalidad de "Jóvenes Investigadores" 2017. Premio UMH al Talento Docente 2017. Premio "Investigación" en la modalidad de "Jóvenes Investigadores" 2016. Premio UMH 2016 a la Productividad Investigadora. Premio a la excelencia en la Práctica Jurídica de ISDE 2016. Premio Joven Investigador por el Consejo Social de la Universidad Miguel Hernández de Elche (XII edición). Premio al profesional de Comercio exterior del año 2016, otorgado por la Asociación Española de Profesionales de Comercio Exterior a las empresas (ACOCEX) y BANKIA. Premio "INSTITUTO VASCO DE DERECHO PROCESAL" en su V Edición (Premio de Artículos Doctrinales sobre el fomento del estudio del Derecho Procesal), en el año 2015. Premio UMH 2015 a la productividad investigadora. Premio UMH 2014 a la productividad investigadora. Premio Santander al mejor Ensayo Corto convocado por la Red Cátedra Santander de Responsabilidad Social Corporativa

(Convocatoria 2015). Primer accésit de la XII edición del Premio de Ensayo Breve de la Asociación Castellano-Manchega de Sociología "Fermín Caballero"; V Premio Jurídico Internacional Instituto Superior de Derecho y Economía (ISDE); Accésit en la categoría de "Investigación" de la XVIII edición de los "Premios de Protección de Datos 2014" de la Agencia Española de Protección de Datos. Búho de oro al mejor profesor del Curso 2013/2014 de la Escuela Superior de Marketing (ESUMA). Premio UMH al Talento Docente, años 2014, 2017 y 2019.

Ponente habitual en numerosos cursos organizados en España y en el extranjero en materia de Derecho internacional privado, Derecho de la nacionalidad, Derecho de extranjería, Derecho del comercio internacional, Contratación internacional y Protección de datos de carácter personal, entre otros. Ha dirigido infinidad de TFG y TFM y cuatro Tesis doctorales.

Autor de diferentes artículos, notas, recensiones y comentarios relacionados con dichas materias publicados en Revistas científicas, técnicas y de divulgación, españolas y extranjeras; **ha participado, como autor, coautor, director y/o coordinador en más de 250 libros.**

I. El derecho internacional privado como disciplina autónoma del ordenamiento jurídico español

1. PLANTEAMIENTO

El aumento de las relaciones jurídicas sujetas a diferentes ordenamientos jurídicos es la razón de ser del Derecho internacional privado. Las relaciones jurídico-privadas —entre particulares—, e internacionales —sometidas a más de un ordenamiento jurídico—han proliferado en los últimos tiempos, creando en el legislador la necesidad de incorporar normas que traten de hacer frente a esta nueva realidad socio-jurídica, que es el Derecho internacional privado; aunque tradicionalmente lo que éste ha hecho ha sido siempre legislar pensando en situaciones domésticas, ha sido la aparición del denominado "tráfico jurídico externo" lo que provocado el cambio (y el estudio por parte de la doctrina)[1].

---

1 Constituyen obras de referencia para el estudio del Derecho internacional privado español en las Universida-

Así, por ejemplo, cuando un ciudadano francés con domicilio en París formaliza un contrato de compraventa internacional de mercaderías con un

---

des españolas: entre otros, en lo que a Manuales se refiere: CALVO CARAVACA, Alfonso-Luis y CARRASCOSA GONZÁLEZ, Javier, *Compendio de Derecho internacional privado,* 3ª edición, *Rapyd Copy Centro Color,* Murcia, 2021; CALVO CARAVACA, Alfonso-Luis y CARRASCOSA GONZÁLEZ, Javier, Tratado de *Derecho internacional privado,* 2ª edición, Tirant lo blanch, Valencia, 2022; ESPLUGUES MOTA, Carlos, IGLESIAS BUHIGUES, José Luis y PALAO MORENO, Guillermo, *Derecho internacional privado,* 15ª edición, Tirant lo blanch, Valencia, 2021; FERNÁNDEZ ROZAS, José Carlos y SÁNCHEZ LORENZO, Sixto, *Derecho Internacional Privado,* Civitas, 9ª edición, Madrid, 2016; GARCIMARTÍN ALFÉREZ, Francisco J., *Derecho internacional privado,* 6ª edición Civitas, Madrid, 2021; IRIARTE ÁNGEL, José Luis (Coord.), CASADO ABARQUERO, Marta (coord.), MUÑOZ FERNÁNDEZ, Alberto (Coord.), *Derecho internacional privado,* Aranzadi Thomson Reuters, Navarra, 18ª edic. 2021; LOPEZ-TARRUELLA MARTÍNEZ, Aurelio, *Manual de Derecho internacional privado,* 4ª edición, Editorial Club Universitario, Alicante, 2021; ORTEGA GIMÉNEZ, Alfonso (Dir.), HEREDIA SÁNCHEZ, Lerdys (Coord.) y otros, *Derecho internacional privado. Materiales para su estudio,* Sepin, Madrid, 2023; y RODRIGUEZ BENOT, Andrés, *Manual de Derecho internacional privado,* Tecnos, Madrid, 2021; y, en lo que a textos legales se refiere: ALVAREZ GONZALEZ, Santiago, ESPLUGUES MOTA, Carlos, JIMENEZ BLANCO, ciudadano español establecido en Elche (Alicante), si surge un litigio derivado del incumplimiento de cualquiera de las obligaciones de las partes, y el comprador o el vendedor presenta ante los órganos jurisdiccionales españoles una demanda, las cuestiones a resolver serían varias: ¿son los órganos jurisdiccionales españoles competentes para conocer de este litigio?, y, en caso afirmativo, ¿qué ley aplicarían para resolverlo, la ley francesa o la ley española?, será el Derecho internacional privado la disciplina jurídica llamada a intervenir para dar respuesta a estas cuestiones.

El Derecho internacional privado viene a ser, entonces, aquella rama del ordenamiento jurídico español que estudia las "situaciones privadas internacionales", esto es, como decía la profesora PÉREZ VERA, las relaciones jurídicas que, o bien por las personas que intervienen, por el objeto sobre el que versan, o

---

Pilar, SANCHEZ LORENZO, Sixto, *Legislación de Derecho Internacional Privado,* Comares, Granada, 2022; ORTEGA GIMÉNEZ, Alfonso y HEREDIA SÁNCHEZ, Lerdys, *Materiales de Derecho Internacional Privado para el Grado en Derecho,* 3ª edición, Difusión Jurídica y Temas de Actualidad, Madrid, 2021; VV.AA., *Legislación Básica de Derecho Internacional Privado,* 31ª edición Editorial Tecnos, Madrid, 2022; y VV.AA., *Derecho internacional privado,* 19ª edición, Aranzadi, Cizur Menor (Navarra), 2021.

bien, por el modo en que se producen, no agotan sus consecuencias en una única esfera jurídica[2].

2. PRESUPUESTOS SOCIALES Y JURÍDICOS PARA EL ESTABLECIMIENTO DE UNA TEORÍA GENERAL DEL DERECHO INTERNACIONAL PRIVADO

En este sentido, ESPLUGUES MOTA señala que la estructuración del mundo en una pluralidad de Estados dotados de sistemas jurídicos distintos y diversos en su contenido y, la presencia de una actividad humana que los pone en contacto, son las dos circunstancias a tener en cuenta para entender el porqué de esta disciplina[3].

La denominación "Derecho internacional privado" —algo confusa sobre todo para un alumno de la Licenciatura en Derecho— fue acuñada por J. STORY, Juez del Tribunal Supremo de Estados Unidos, en el año 1834. Sin embargo, es un término que induce a

---

2 *Vid.* PÉREZ VERA, Elisa, *Derecho internacional privado. Vol. I.*, Universidad Nacional de Educación a Distancia (UNED), Madrid, 2002, p. 23.

3 *Vid.* ESPLUGUES MOTA, Carlos, "Derecho internacional privado", en *Introducción al Derecho*, Ediciones de la Universidad de Castilla-La Mancha, Cuenca, 1996, p. 161.

error ya que el Derecho internacional privado: a) No es "internacional", pues no constituye un sector del Derecho internacional público, sino que es una rama del ordenamiento jurídico de cada Estado; b) No es "privado", pues el Derecho internacional privado no sólo se ocupa de las relaciones entre particulares sino también de aquellas relaciones, como comentaremos más adelante, en las que participa un sujeto de Derecho público que actúa como si fuera un particular.

Se suelen señalar, por parte de la doctrina *iusinternacionalprivatista* española, como presupuestos del Derecho internacional privado, los siguientes: a) El pluralismo jurídico y la pluralidad de respuestas —ya que en la actualidad son algo más de ciento cincuenta ordenamientos jurídicos los llamados a intervenir ante un litigio, provocando, en algunas ocasiones, la contradicción entre dos o más de esos ordenamientos jurídicos respecto de un mismo supuesto de hecho— que trae como consecuencia la existencia de tantos sistemas jurídicos como Estados; b) La vocación transfronteriza de las relaciones humanas, esto es, la necesidad, de un tiempo a esta parte, de que las relaciones humanas se desarrollen fuera de los límites de un Estado en este sentido, decía YANGUAS MESSÍA que "si las relaciones humanas se detuvieran al llegar a las fronteras, si no hubiese desplazamientos de personas a otros países, ni propiedad privada sobre cosas sitas en ajeno territorio, ni matrimonios entre extranjeros; si no se celebrasen nunca contratos en que la nacionalidad de los estipulantes, la situación de la cosa, el lugar de otorgamiento o el lugar de ejecución sean dispares; si no se dieran sucesiones cuyo causante, cuyos herederos y cuyos bienes dependan de Estados diversos, no existirían casos y problemas de Derecho internacional privado[4]"-; y, finalmente, c) La potencial eficacia *ad extra* de las respuestas operadas desde el foro o sede de análisis —lugar donde se plantean las controversias—, pues cabe la posibilidad, y, en algunos casos, es necesaria, que una respuesta jurídica dada por un Estado despliegue sus efectos en otro Estado.

Como señalan FERNÁNDEZ ROZAS, SÁNCHEZ LORENZO, y ESTEVE GONZÁLEZ nos encontramos ante una sociedad fuertemente internacionalizada como consecuencia de factores políticos, sociológicos, económicos y filosófico-jurídicos, a saber: por una parte, serían factores políticos, la cooperación internacional con el objeto de buscar la reglamentación más adecuada del tráfico jurídico externo y la importancia creciente de los procesos de integración; por otra, como factores sociológicos, nos encontraríamos con el incremento de los desplazamientos humanos

---

4 *Vid.* YANGUAS MESSÍA, José de, *Derecho internacional privado. Parte General*, Reus, Madrid, 3ª Ed., 1971, p.38.

derivados de la sociedad del ocio o la multiculturalidad, el incremento de los movimientos internacionales de trabajadores, y el surgimiento e irrupción de las nuevas tecnologías en el ámbito de la comunicación e información; en tercer lugar, como factores económicos deberíamos destacar, la interdependencia y la globalización de la economía; y, finalmente, como factores filosófico-jurídicos, no deberíamos olvidar que el Derecho internacional privado, como saber jurídico y producto cultural que es, se halla sometido a la influencia de las distintas corrientes de pensamiento, que acaban incidiendo en sus postulados filosóficos-jurídicos [5]. Por tanto, han sido diversos los factores que han convertido al Derecho internacional privado en un canal de comunicación de culturas que, desde el respeto a la identidad cultural, y la garantía de la convivencia intercultural han permitido la construcción de nuevas realidades a partir de fines comunes.

---

5 *Vid.* FERNÁNDEZ ROZAS, José Carlos. y SÁNCHEZ LORENZO, Sixto, *Derecho internacional privado*, 2ª edición, Editorial Civitas, Madrid, 2022, pp. 31-42; y, ESTEVE GONZÁLEZ, Lydia, *Proyecto docente e investigador: Derecho Internacional Privado y Sociedad de la Comunicación y de la Información: adaptación de un sistema*, Ejercicio presentado al concurso para la provisión de una plaza de Profesor Titular de Derecho internacional privado de la Universidad de Alicante, Inédito, Alicante, 2000, p. 7.

3. CARACTERES DEL SISTEMA ESPAÑOL DE DERECHO INTERNACIONAL PRIVADO: AUTONOMÍA, PLENITUD Y RELATIVIDAD

Ha quedado claro que el Derecho internacional privado no es una parte del Derecho internacional público sino que es una disciplina autónoma cuya denominación —como ya hemos apuntado— puede inducir a error; de ahí que, en este sentido, sea necesario incidir, una vez más, en las dos notas que lo caracterizan: primero, el calificativo de "internacional", que implica que la realidad que intenta regular está conectada con más de un ordenamiento jurídico; y, segundo, el calificativo de "privado", que convierte a nuestra disciplina en una rama del Derecho que se encarga de regular las relaciones internacionales de los individuos.

Ahora bien, la pregunta sobre el concepto del Derecho internacional privado puede ser abordada también desde una perspectiva funcional: ¿cuál es la función del Derecho internacional privado?; pues, ésta no sería otra sino que "resolver los problemas que suscitan los conflictos de intereses sociales derivados de las relaciones privadas de tráfico externo"[6];

---

[6] *Vid.* FERNÁNDEZ ROZAS, José Carlos y SÁNCHEZ LORENZO, Sixto, *Curso de Derecho internacional privado,* Civitas, Madrid, 1991, p. 31.

siendo, por tanto, el Derecho internacional privado aquella rama del ordenamiento jurídico interno que se ocupa del conjunto de problemas que suscitan las "relaciones jurídicas heterogéneas" y sus "relaciones estructurales"[7], o "aquella rama del Derecho que, en cada sistema jurídico, regula aquellas relaciones o situaciones de los particulares que, en su formación o evolución, no agotan sus efectos en una sola esfera jurídica, al conectarse, a través de algún elemento relevante, con otros ordenamientos"[8].

4. OBJETO DEL DERECHO INTERNACIONAL PRIVADO COMO SISTEMA AUTÓNOMO: EL TRÁFICO PRIVADO EXTERNO O LAS SITUACIONES PRIVADAS INTERNACIONALES COMO OBJETO DE REGULACIÓN ESPECIAL

El objeto del Derecho internacional privado ha sido un punto de discusión constante en la doctrina *iusinternacionalprivatista* española, aunque parece, como apunta DESANTES REAL, que no cabe ninguna duda acerca de la consideración de que, desde la perspectiva funcional, el Derecho internacional pri-

---

7 *Vid.* GONZÁLEZ CAMPOS, Julio, *Curso de Derecho internacional privado. Parte General*, Madrid, UAM, 1984, pp. 2 y ss.

8 *Vid.* PÉREZ VERA, Elisa, *op. cit.*, p. 40.

vado tiene sentido a partir del momento en el que confluyen dos presupuestos: a) En primer lugar, la pluralidad y diversidad de sistemas jurídicos autónomos con sus correspondientes fronteras jurídicas; y, b) En segundo lugar, el desplazamiento material de los sujetos —personas— y la dispersión de los objetos —cosas— y de los actos a través de estas fronteras jurídicas[9], esto es, desde el momento en que nos encontramos ante una "situación privada internacional".

Ahora bien, no es menos cierto que existen diversas teorías en torno al objeto del Derecho internacional privado, que podemos agrupar en dos grandes concepciones: las "teorías formales" y las "teorías objetivas o funcionales": a) Las "teorías formales" parten del estudio de la norma jurídica de Derecho internacional privado. Así, toda materia regulada por una norma de Derecho internacional privado sería incluida dentro del objeto del Derecho internacional privado; y, b) A diferencia de las "teorías formales", cuyo punto de partida son las normas, las "teorías objetivas o funcionales" parten del concepto de "situación privada internacional". Toda "situación privada internacional" o, como señalan FERNÁNDEZ ROZAS

---

9 *Vid.* DEANTES REAL, Manuel, *Proyecto docente e investigador*, Ejercicio presentado al concurso para la provisión de una plaza de Catedrático de Derecho internacional privado de la Universidad de Oviedo, Inédito, Oviedo, 1992, p. 54.

y SÁNCHEZ LORENZO, "cualquier relación jurídica que ponga con relación a distintos sistemas jurídicos nacionales"[10], se caracteriza por la presencia de un "elemento de extranjería", esto es, de cualquier dato presente en la relación que no aparece conectado con la esfera nacional. Según esta teoría, el objeto de las normas de Derecho internacional privado es el estudio del "tráfico jurídico externo", es decir, la existencia de relaciones privadas que superan las fronteras de un Estado, y que aparecen conectadas con otro Estado. Por tanto, el objeto del Derecho internacional privado estaría constituido por las relaciones jurídicas con elementos de extranjería y no por las normas.

Hoy en día, son las "teorías objetivas o funcionales" del objeto del Derecho internacional privado las defendidas por la mayoría de la doctrina *iusinternacionalprivatista,* aunque a lo largo de la historia se han mantenido otras posiciones: a) "Teorías publicistas", que entendían que el Derecho internacional privado era una parte del Derecho internacional público y, el objeto del Derecho internacional privado era la fijación de los límites de la "competencia legislativa de los Estados soberanos"; b) "Teorías unilateralistas", que identificaban el objeto del Derecho internacio-

---

10 *Vid.* FERNÁNDEZ ROZAS, José Carlos y SÁNCHEZ LORENZO, Sixto, *op. cit.*, p. 26.

nal privado con el objeto de la norma de Derecho internacional privado y, consistían en delimitar el ámbito de aplicación espacial de la ley de un Estado; y, c) "Teorías objetivistas amplias", que entendían que el objeto del Derecho internacional privado eran las relaciones jurídicas internacionales entre particulares y, entre particulares y el Estado.

Teniendo en cuenta que el objeto del Derecho internacional privado lo constituyen las denominadas "situaciones privadas internacionales" —situaciones en las que la respuesta es diferente a la prevista para los supuestos internos—, es necesario señalar cuando una situación es "privada", y cuando es "internacional"; en este sentido, podemos calificar de "privada" toda relación jurídica en la que los sujetos de una misma relación ocupan una posición de igualdad; y, es "internacional" toda relación jurídica en la que esté presente un "elemento de extranjería". Cuando nos referimos a relaciones privadas estamos planteando la exclusión de todos aquellos sectores del ordenamiento en los que predomina su vertiente pública, aunque, si bien es cierto que, la calificación de una situación de internacional como "privada" o "pública" no depende de la naturaleza de los sujetos que la configuran sino de la posición jurídica que éstos ocupan en la relación: por tanto, nos referirnos a relaciones jurídicas en las que el sujeto es o una "persona de Derecho privado" o una "persona de Derecho público que actúa con carácter privado"-esto es, que está actuando *iure gestionis*, y no cuando esa persona actúa ejercitando su poder de autoridad, esto es, cuando está actuando *iure imperii*.

Además, una relación jurídica merecerá el calificativo de "internacional" cuando no sea "doméstica", esto es, cuando la misma exceda de los límites del tráfico jurídico privado interno —cuando se trate de una situación conectada con más de un ordenamiento jurídico estatal—; por tanto, cuando en la misma esté presente algún elemento de los llamados de extranjería, ya sea objetivo (p. ej. la situación de un bien inmueble fuera de España, la firma de un contrato en un país extranjero o la celebración de un matrimonio fuera de España) o subjetivo (p. ej. la nacionalidad, el domicilio o la residencia habitual en un país extranjero), que podríamos entender que fuera relevante —la regulación de la situación jurídico-privada debe ser atribuida al Derecho internacional privado—[11].

Como señalan FERNÁNDEZ ROZAS y SÁNCHEZ LORENZO, no es importante establecer que el elemento de extranjería es relevante o no, pues toda situación privada que incluya un elemento de ex-

---

[11] *Vid.* STS de 30 de junio de 1983, en la que se establece que nos encontramos ante una situación internacional cuando aparezca un "dato de extranjería".

tranjería es objeto de estudio por parte del Derecho internacional privado sino que éste es relativo, ya que "es extranjero todo aquello que no pertenece a un determinado grupo, sea familiar, social, nacional o estatal"[12].

Si bien, en opinión de PÉREZ VERA, es necesario un examen detallado del supuesto de hecho concreto, ya que construcciones doctrinales más recientes entienden que no basta la presencia accidental o accesoria de un elemento extranjero para que pueda calificarse a una relación o situación como de tráfico jurídico externo[13].

En suma, como señala ESTEVE GONZÁLEZ, el objeto del Derecho internacional privado es la relación privada internacional, la función de la reglamentación de tales relaciones evitando su discontinuidad en el espacio y la finalidad de conceder una respuesta justa y adecuada[14].

El carácter internacional de la situación privada. Para que una relación jurídica pueda incluirse en el objeto del Derecho internacional privado ha de ser "internacional", por tanto, debe contener un elemen-

---

12 *Vid.* FERNÁNDEZ ROZAS, José Carlos y SÁNCHEZ LORENZO, Sixto, *op. cit.*, pp. 28-29.

13 *Vid.* PÉREZ VERA, Elisa, *op. cit.*, pp. 26-27.

14 *Vid.* ESTEVE GONZÁLEZ, Lydia, *op. cit.*, p. 51.

to de extranjería que conecte la situación en cuestión con más de un ordenamiento jurídico estatal.

Tales elementos pueden devenir de cuestiones subjetivas, referidas a una cualidad de los sujetos que participan de la relación como son la nacionalidad o la residencia/domicilio; o bien de elementos objetivos que pueden estar referidos al objeto de la relación jurídica, como son el lugar de entrega de la mercancía; el lugar de situación del bien inmueble, o el lugar de cumplimiento de la obligación, etc.

La clave para analizar la presencia de un elemento extranjero está en situar a las situaciones privadas para ser estudiadas desde el punto de vista de un Estado concreto, esto es, desde un foro de análisis. De esta forma se podrá determinar si la situación está conectada con un Estado que no es el del foro.

Por ejemplo, un matrimonio celebrado en España entre dos españoles será tratado como una "situación doméstica", sin embargo, el divorcio de esta pareja de españoles obtenido por sentencia firme dictada por un tribunal alemán obliga a poner en marcha el sistema de Derecho internacional privado español para dotar de efectos jurídicos en el foro a dicha sentencia extranjera.

Carácter privado de la situación privada internacional. Además del elemento de extranjería, la situación objeto de esta rama del Derecho debe tener carácter privado. Esto significa que las partes deben ser "particulares" y la relación jurídica que se presenta ha de estar regulada por alguna de las ramas que integran el Derecho privado con carácter general y también las relaciones privadas internacionales que pueden ser reguladas parcialmente por normas de Derecho público, fruto del intervencionismo estatal en la economía y en la ordenación del mercado (el llamado Derecho público de la economía).

En las relaciones de Derecho público, necesariamente una de las partes de la relación es un sujeto de naturaleza pública que actúa como tal. Por ejemplo: el conflicto histórico entre España y el Reino Unido por la soberanía sobre el Peñón de Gibraltar; o las deudas derivadas de impagos a Hacienda por parte de extranjeros residentes en España. Estas relaciones quedan excluidas del objeto de estudio de nuestra disciplina. Son abordadas por sectores como el Derecho internacional público, Derecho fiscal internacional, Derecho administrativo, etc.

El elemento clave en la distinción de las situaciones privadas internacionales de otras que no lo son radica en la posición de los sujetos de la relación y no en la naturaleza de las normas que resultan aplicables. En este sentido, debe recordarse que el término "privado" en el concepto de esta rama del ordenamiento no hace referencia exclusiva a la naturaleza de las normas que lo componen sino a la naturaleza privada de las relaciones que son su objeto.

El mejor que puede ilustrar esta relación es el contrato de transporte internacional de mercancías (ya sea terrestre, o por vía aérea o marítima) que exige tener en cuenta la ley aplicable a los derechos y obligaciones de las partes (ya se normativa española o una extranjera) pero también las normas que rigen las autorizaciones necesarias para la exportación o importación de las mercancías en España; las cuales son normas de Derecho público, pero están destinadas a regular una situación privada internacional.

5. CONTENIDO DEL DERECHO INTERNACIONAL PRIVADO COMO SISTEMA JURÍDICO AUTÓNOMO

Tras haber concretado cuál es el objeto de estudio del Derecho internacional privado, debemos incidir en las cuestiones que forman parte de la disciplina; señalando, en este sentido, que, siguiendo la clasificación establecida por AGUILAR NAVARRO[15], existen tres concepciones doctrinales en torno al conte-

---

15 *Vid.* AGUILAR NAVARRO, Mariano, *Lecciones de Derecho civil internacional español,* Madrid, Universidad Complutense de Madrid, 1984, 2ª edición, p.9.

nido del Derecho internacional privado —tema que ha preocupado en exceso, en los últimos tiempos, a la doctrina *iusinternacionalprivatista* española—, la "concepción estricta", la "concepción intermedia", y la "concepción amplia": a) La "concepción estricta" —propia de la doctrina alemana e italiana—, considera que el Derecho internacional privado se ocupa exclusivamente del sector del Derecho aplicable a las situaciones privadas internacionales —también denominado "conflicto de leyes"—; b) La "concepción intermedia" —propia de la doctrina anglosajona— considera que el contenido del Derecho internacional privado incluye las cuestiones relativas a los "conflictos de jurisdicciones" como presupuesto de la ley aplicable; y, c) La "concepción amplia" —sostenida por la doctrina francesa y por parte de la doctrina española— entiende que quedan dentro del Derecho internacional privado las siguientes materias: el Derecho procesal civil internacional (que se refiere, básicamente, a las cuestiones de Competencia judicial internacional, y Reconocimiento y Ejecución de actos y decisiones extranjeras), el Derecho aplicable, el Derecho de la nacionalidad, y el Derecho de extranjería.

No obstante, en la actualidad, la generalidad de la doctrina española ha asumido la denominada "concepción tripartita" —gracias en buena parte a la redefinición del contenido del Derecho internacional privado realizada por FERNÁNDEZ ROZAS y SÁNCHEZ LO-

RENZO—, en virtud de la cual forman parte del Derecho internacional privado únicamente las siguientes materias: el Derecho aplicable, la Competencia judicial internacional, y el Reconocimiento y Ejecución de actos y decisiones extranjeras, quedando fuera: por un lado, el Derecho de la nacionalidad —que se ocupa de la pertenencia de un sujeto a un determinado Estado—; y, por otro lado, el Derecho de extranjería —que estudia el régimen de entrada, permanencia, establecimiento, salida y expulsión, y el disfrute de los derechos y libertades de los extranjeros en España—, ya que, con carácter general, ambas ramas del ordenamiento jurídico español se ocupan de situaciones "internacionales" pero no "privadas", pues son relaciones de Derecho público entre un extranjero y un Estado.

Por tanto, en particular, debemos excluir del ámbito del Derecho internacional privado materias tales como el Derecho internacional público, el Derecho penal internacional, el Derecho fiscal internacional, el Derecho administrativo internacional, el Derecho de la seguridad social internacional, el Derecho de la nacionalidad, y el Derecho de extranjería al tratarse de relaciones verticales, es decir, de relaciones internacionales entre sujetos de Derecho público o con intervención de éstos.

Corresponde ahora señalar, siguiendo a FERNÁNDEZ ROZAS y SÁNCHEZ LORENZO, cuáles son las cuestiones que el Derecho internacional privado trata de resolver, a saber: a) La Competencia judicial internacional —esto es, la pregunta sería si ¿son competentes los tribunales españoles para conocer del fondo de las cuestiones que suscitan una determinada situación privada internacional?—, que consiste en determinar en qué condiciones y bajo qué principios los órganos que ejercen la función jurisdiccional tienen competencia para entrar a conocer y, en consecuencia, proceder a solucionar los problemas que suscita una determinada "situación privada internacional"; b) El Derecho aplicable —siendo la respuesta anterior afirmativa, nos debemos cuestionar ahora ¿cuál es el régimen jurídico aplicable a una situación privada internacional?—, que implica que una vez determinado el tribunal competente, debemos buscar las respuestas jurídicas para resolver sobre el fondo una situación privada internacional; y, finalmente, c) El Reconocimiento y Ejecución de actos y decisiones extranjeras —es decir, ¿cuáles son los efectos que producen en España los actos y decisiones extranjeras relativas a las situaciones privadas internacionales?—, que supone tratar de ver si la fuerza de un acto o decisión extranjera es capaz de sobrepasar la frontera del Estado del que emana[16].

---

16 *Vid.* FERNÁNDEZ ROZAS, José Carlos y SÁNCHEZ LORENZO, Sixto, *op. cit.*, pp. 45-55.

En resumen, y como señala ESTEVE GONZÁLEZ, la perspectiva funcional del Derecho internacional privado nos conduce a "identificar", en primer estadio, la "situación privada internacional", que requiere de un tratamiento específico por parte de un foro determinado, y que constituye el primer sector del Derecho internacional privado, el de la Competencia judicial internacional; una vez superado este estadio, entra en juego el segundo sector, el del Derecho aplicable a la respuesta material concreta; y, finalmente, nos encontraremos en el tercer sector del Derecho internacional privado —Reconocimiento y Ejecución de actos y decisiones extranjeras—cuando la solución resultado del segundo sector del Derecho internacional privado requiera una ejecución extraterritorial[17].

6. LAS FUENTES DEL SISTEMA ESPAÑOL DE DERECHO INTERNACIONAL PRIVADO

El Derecho internacional privado forma parte del Derecho español, de su ordenamiento jurídico como rama independiente del mismo; su objeto internacional no le priva de este carácter. Se compone de una serie de normas de diferente origen que forman parte

---

17 *Vid.* ESTEVE GONZÁLEZ, Lydia, *op. cit.*, pp. 88-89.

del ordenamiento nacional, que son protegidas y aplicadas por los poderes del Estado.

¿Dónde se encuentra este Derecho? La respuesta no es sencilla ya que se encuentran dispersas y son generadas en diferentes ámbitos. Así, tenemos las fuentes de origen institucional (creadas por el legislador europeo), las fuentes de origen convencional (recogidas en los convenios sobre esta materia) y las fuentes de naturaleza autónoma (las creadas por legislador español).

Este sistema de fuentes complejo y disperso funciona de manera jerárquica. Ello supone atender a la resolución de una situación privada internacional respetando en todo caso la primacía de las normas de origen institucional (dada nuestra pertenencia a la UE), seguidas de las fuentes convencionales y las de carácter autónomo como régimen de cierre.

Notas características del sistema de fuentes en Derecho internacional privado español:

- ✓ La dispersión normativa: se integra por normas jurídicas de diferentes fuentes de producción; las normas de están dispersas en instrumentos de diferente origen o régimen, y dentro de cada régimen, dentro de distintas normas.
- ✓ La Interrelación de las fuentes: existen instrumentos en cada régimen legal que tienen un mismo ámbito de aplicación, por tanto,

es necesario identificar cuál es el aplicable, atendiendo a diferentes criterios: jerarquía de fuentes; regla de la ley especial que deroga a la general; o regla de la eficacia máxima (entre los instrumentos en conflicto se aplica aquel que más beneficia al interesado).

- ✓ Jerarquía de las fuentes: se aplican de forma jerárquica, tomando como base la pirámide de fuentes, teniendo el nivel más alto, al derecho institucional y en el nivel más bajo, al Derecho autónomo.

A continuación, vamos a explicar cada una de ellas.

Las normas emanadas de los órganos de la Unión Europea, fuente institucional, se integran en el ordenamiento español como propias de su sistema jurídico. Regulando situaciones privadas internacionales —objeto del Derecho internacional privado— nos encontramos con algunas normas de los Tratados constitutivos de la Comunidad Europea: Tratados originarios, Tratado de la Unión Europea, Tratado de Ámsterdam y, sobre todo, con las normas contenidas en los Reglamentos europeos, normas de directa aplicación por los Estados parte sin necesidad de incorporarlos a las normas internas ni de cualquier otra aprobación[18].

---

18 *Vid.* CAMPUZANO DÍAZ, Beatriz; DI FILIPPO, Marcelo; RODRÍGUEZ BENOT, Andrés y RODRÍGUEZ VÁZ-

Estos Reglamentos contienen una importante regulación común del Derecho internacional privado en los tres sectores que integran el contenido del Derecho internacional privado: competencia judicial internacional, Derecho aplicable y reconocimiento y ejecución de resoluciones judiciales. Es más, la tendencia de la Unión Europea es a convertir en Reglamentos europeos los Convenios celebrados entre los países miembros bajo el auspicio de la Unión Europea. Tal es la progresión del Derecho europeo en este ámbito que en pleno Siglo XXI vivimos un proceso de "europeización del Derecho internacional privado" que deviene de los esfuerzos integradores de la segunda mitad del Siglo XX.[19]

La "europeización del Derecho internacional privado" tiene consecuencias en el régimen de producción interna ya que, la progresiva adopción de normas europeas en materias de Derecho civil y mercantil conlleva que las normas de producción interna en dichas materias dejen de ser aplicables. Ello es debido a que las nor-

---

QUEZ, Mª Ángeles (eds.), *Hacia un Derecho conflictual europeo: realizaciones y perspectivas, Comisión Europea,* Universidad de Sevilla, 2008, pp. 121-150.

19 *Vid.* BOUZA VIDAL, Nuria, "Modalidades de unificación y armonización de legislaciones en la CEE", en VV. AA., *Iniciación al estudio del Derecho comunitario europeo,* Madrid, CGPJ, 1984, pp. 155-181.

mas de producción institucional son jerárquicamente superiores a las de producción interna. Aunque estas últimas normas siguen existiendo, están "desactivadas".

Otro efecto sobre las normas internas es que éstas deben formularse e interpretarse teniendo en cuenta los principios generales del Derecho UE: las normas de conflicto españolas no pueden conllevar un obstáculo a las libertades de circulaciones o a la consecución de cualquier otro objetivo europeo. Si una norma de conflicto de producción interna no es compatible con el Derecho UE debe ser "eurodepurada".

Dentro de estas fuentes institucionales del Derecho internacional privado de origen europeo nos encontramos con las Directivas. Éstas son normas que señalan a los Estados miembros los objetivos y resultados a alcanzar en materias determinadas, imponiéndoles la modificación de sus normas internas. Esta unificación en materias sustantivas, como el régimen de extranjería, garantías para los consumidores, etc., facilita la libre circulación de los bienes y las personas al pulirse las diferencias entre los Estados. La circulación de las sentencias judiciales, su rápida ejecución en países distintos a aquellos en las que se dictaron, es también enormemente facilitada al aproximarse el derecho material en el que se fundan.

Ha sido como resultado de la trasposición y desarrollo de Directivas que se han promulgado en España leyes sobre derechos y deberes de los extranjeros en España; garantías de bienes adquiridos en comercios; las reguladoras del comercio electrónico y los servicios de la sociedad de la información (transfronterizos por excelencia); las reguladoras del comercio minoritario; sobre protección de consumidores en el caso de contratos celebrados fuera de los establecimientos mercantiles; sobre crédito al consumo; sobre viajes combinados; o reguladora de los viajes combinados; del aprovechamiento por turno de Bienes Inmuebles de uso turístico; entre otras muchas.

Entre las ventajas más destacadas de las fuentes institucionales tenemos:

- ✓ La entrada en vigor de los Reglamentos no requiere de trasposición por parte de los Estados miembros.
- ✓ Su adopción cuando se realiza por el procedimiento legislativo ordinario y no exige la ratificación de los Estados implica su entrada en vigor a la vez en toda la UE.
- ✓ Su modificación resulta mucho más fácil que la de un convenio internacional,
- ✓ El TJUE posee competencia para interpretar las disposiciones de los Reglamentos en caso de dudas por parte de los tribunales nacionales a través de la "cuestión prejudicial".

- ✓ Desde un punto de vista jerárquico se aplican siempre en preferencia respecto al resto de las fuentes.

Como hemos visto, no obstante, compartir las fuentes con el resto del ordenamiento, la especialidad del Derecho internacional privado radica en la forma de producción de gran parte de sus normas: éstas no tienen siempre origen directo en los poderes del Estado español, sino que nacen fuera de ellos, si bien en un momento posterior se integran en el Ordenamiento jurídico español.

Una gran parte de las normas de Derecho internacional privado, tienen su origen en las convenciones y tratados internacionales firmados entre los Estados. Acuerdos que pueden ser adoptados directamente por los Estados como, por ejemplo, los Convenios de cooperación en materia civil entre España y otros países o los que se firman en al marco de la Conferencia de la Haya de Derecho internacional privado, UNCITRAL, UNIDROIT, etc. Este sistema normativo da lugar a las fuentes convencionales del Derecho internacional privado español.

Las fuentes emanadas de los Convenios internacionales proporcionan una solución uniforme a una situación privada internacional válida en todos los Estados parte de ese convenio, tienen una gran calidad técnica puesto que son negociados durante un largo periodo de tiempo por expertos en la materia (ejemplo, Convenio de Viena sobre Compraventa internacional de mercaderías de 1980).

Pero también comportan algunas desventajas, como son: es frecuente que los tribunales nacionales los apliquen de manera defectuosa; es habitual que los tribunales nacionales adopten interpretaciones "nacionales" de los convenios internacionales, circunstancias que afecta a la uniformidad de soluciones que se persigue; conllevan un largo proceso de negociación y, posteriormente, de entrada, en vigor pues para ello se precisa, a partir de ratificaciones por los Estados y pluralidad, entre otras.

Con respecto a las fuentes de origen autónomo hay que buscarlas entre las señaladas para todo el ordenamiento jurídico por el Código Civil: la ley, la costumbre y los principios generales del Derecho, a la luz, siempre, de los principios contenidos en la Constitución española, norma suprema del ordenamiento jurídico español.

La intervención de los principios que consagra la Constitución, derechos, los deberes y fundamentos de la organización social e institucional del Estado es capital, pues el resto de las normas de Derecho internacional privado no pueden reconocerse ni aplicarse al margen de estos principios. Los Tribunales en su labor de interpretación y aplicación de las normas rechazarán la de aquellas que, si bien son llamadas por las fuentes para regular una situación, contienen soluciones contrarias a las previsiones constitucionales.

La acción de los principios contenidos en la Constitución como efectivos principios de orden público que deben ser respetados y cumplidos por todos los particulares y autoridades, supone un importante límite a la aplicación de normas o principios jurídicos extranjeros que, en principio, pudieran parecer los más adecuados para regular una situación internacional.

La "excepción de orden público internacional" se determina de acuerdo a los valores constitucionales actuales. Dicho orden público puede conllevar la inaplicación de la ley extranjera determinada por la norma de conflicto (art. 12.3 CC). Debe observarse que el contenido del orden público varía con el tiempo[20].

---

20 Sobre ello *Vid.* CARO GÁNDARA, Rocío, "Libertades UE, reconocimiento mutuo y orden público de los Estados miembros. Reflexiones tras la Sentencia del TJUE de 22 de diciembre de 2010, asunto C-208/09, *Ilonka Sayn-Wittgenstein* y tras el Libro Verde para promover la libre circulación de los documentos públicos y el reconocimiento de las certificaciones de estado civil, de 14 de diciembre de 2010", *La Ley Digital*, 27 de octubre de 2016, pp.1-22; AGUILAR BENITEZ DE LUGO, Mariano, "Estatuto personal y orden público en Derecho internacional privado español", *REDI*, vol. 20, N.°, 2, abril-junio 1967, pp. 217-246.

II. Compensación económica por separación o divorcio entre cónyuges y relaciones privadas internacionales

Con el fin de dotar al presente trabajo de funcionalidad práctica que permita visualizar, con mayor claridad, las principales cuestiones objeto de análisis, se considera oportuno fijar un supuesto de hecho como punto de partida, para evidenciar las cuestiones que se plantean en el día a día del trabajo de los distintos operadores jurídicos, mostrando que estamos ante un tema que no se queda en lo teórico, sino que es eminentemente práctico:

Marie, de nacionalidad francesa y con residencia en París (Francia), reclama una pensión compensatoria[21] a Tomas, un ciudadano belga residente en Alicante (España), padre de un hijo que tienen en

---

21 Debemos aclarar que en el presente trabajo cuando hablamos de "pensión compensatoria" nos estamos refiriendo a la compensación económica por separación o divorcio.

común, y que vive en París con su madre. Teniendo en cuenta lo anterior, se presentan varias preguntas fundamentales desde el punto de vista jurídico. Cabe preguntarse, por ejemplo, si ¿serían competentes los tribunales españoles, belgas o franceses para conocer de la acción de reclamación de la pensión compensatoria?; y, una vez determinado el órgano jurisdiccional competente, se presenta otra pregunta esencial con respecto a ¿qué Ley regirá la reclamación de dicha pensión compensatoria?, ¿la legislación española, la belga y/o la francesa? Es evidente que un simple supuesto de hecho plantea numerosas cuestiones jurídicas, más aún si cabe si tenemos en cuenta el elemento internacional que aumenta la complejidad del asunto.

Lo cierto es que nos encontramos ante un tema que, en los últimos años, ha cobrado una actualidad manifiesta, como consecuencia del creciente carácter multicultural de nuestra sociedad derivado del proceso globalizador. El incremento de matrimonios entre cónyuges de diferente nacionalidad, ha causado un incremento directamente proporcional del volumen de estas reclamaciones de pensiones compensatorias en las que se presenta algún elemento internacional[22].

---

22 *Vid.* M. Aguilar Benítez de Lugo/H. Aguilar Grieder, “Alimentos y orden público (I)”, BIMJ, núm. 2011, 15 abril 2006, pp. 1561-1593.

En general, la obligación de alimentos surge con el objetivo de ayudar a los que no pueden mantener su propia subsistencia y están en necesidad, y que la sociedad debe prestarles apoyo[23]. En los casos de ex cónyuges, cabe señalar que el primer fundamento de la obligación alimentaria reside en dos principios, en el principio de la solidaridad familiar y, en particular, en el principio de la dignidad de la persona humana, siendo este último considerado el principal vector del orden civil constitucional[24].

Es importante subrayar que la pensión compensatoria difiere de la pensión alimenticia tradicional, que generalmente se refiere a la relación entre padres e hijos. Mientras que estos últimos tienen por objeto garantizar la supervivencia básica del acreedor, en el caso de los alimentos compensatorios, el objetivo es reparar el desequilibrio económico que se deriva de la separación de la pareja.

La pensión compensatoria tiene carácter indemnizatorio. Durante el matrimonio, ambos cónyuges comparten la expectativa de una vida mejor, susten-

---

23 *Vid.* VENOSA, Sílvio de Salvo. Direito Civil: Direito de Família. 8ª ed. v. 6. p. 348. São Paulo: Atlas, 2008.

24 *Vid.* GAGLIANO, Pablo Stolze; PAMPLONA FILHO, Rodolfo. Novo Curso de Direito Civil: Direito de Família. 2ª ed. p. 684. São Paulo: Saraiva, 2012.

tada en una unión tanto económica como afectiva. Cuando esta unión se rompe, uno de los cónyuges puede perder la oportunidad de realizar la vida que imaginó cuando se casó. Esta pérdida es significativa y debe ser reconocida y compensada.

Por lo tanto, es esencial que haya una reparación del desequilibrio económico causado por el fin de la relación. Esta reparación debe respetar siempre el principio de equidad, que sustenta el deber de solidaridad entre los ex cónyuges, promoviendo un resultado más justo para ambos[25].

Esta cuestión ha adquirido cada vez más importancia en la escena mundial, especialmente como consecuencia de la globalización, que facilita el contacto entre personas de distintas nacionalidades. Con la creciente interacción entre personas de distintos países, muchos acaban contrayendo matrimonio. En España, por ejemplo, las cifras[26] de 2021 muestran que se celebraron 147.823 matrimonios, de los cuales el 14,73% fueron mixtos. Esto significa que casi uno de cada seis matrimonios celebrados en el país implica a cónyuges de distintas nacionalidades, lo que plantea

---

[25] *Vid.* DIAS, Maria Berenice, Manual do direito das famílias. 10 ed. p. 588. São Paulo: Revista dos Tribunais, 2015.

[26] Datos del Instituto Nacional de Estadística (INE).

importantes debates sobre cuestiones como la reclamación de pensiones y los derechos legales.

Los matrimonios mixtos no sólo reflejan la diversidad cultural, sino que también plantean una serie de implicaciones jurídicas y sociales. La unión entre un español y un extranjero puede facilitar la obtención de permisos de residencia y nacionalidad, además de fomentar el intercambio cultural entre los cónyuges. Sin embargo, esta realidad también exige prestar atención a las complejidades burocráticas que conlleva la formalización del matrimonio, como la necesidad de traducir y legalizar documentos.

Comparativa de Matrimonios celebrados en España en 2021

	Total
Total	147.823
Entre españoles	121.891
Entre extranjeros	4.150
Mixtos	21.782

Fuente: Instituto Nacional de Estadística

Como curiosidad, entre los matrimonios entre personas del sexo opuesto en 2019, en 9.027 casos el marido era extranjero y la mujer española. De ellos, 3.756 maridos procedían de países americanos, 2.959 de Europa, 2.004 de África y 278 de Asia. Estas cifras, facilitadas por el Instituto Nacional de Estadística (INE), revelan la diversidad de orígenes de los cónyuges y reflejan la dinámica social y cultural actual. El siguiente gráfico ilustra esta información de forma clara y accesible, permitiendo una mejor comprensión de las tendencias de los matrimonios en España.

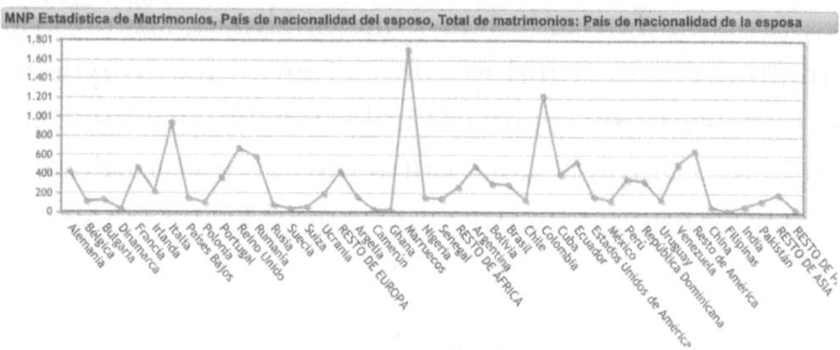

Fuente: Instituto Nacional de Estadística

El análisis del gráfico revela que la mayoría de los matrimonios mixtos en España son entre españoles y marroquíes, así como entre españoles y colombianos. Esta tendencia puede entenderse a partir de dos factores principales: la proximidad geográfica y los intensos flujos migratorios.

En el caso de las uniones entre españoles y marroquíes, la proximidad geográfica entre ambos países facilita el intercambio cultural y social, proporcionando un entorno favorable para el establecimiento de relaciones. España, situada a pocos kilómetros de la costa marroquí, tiene una larga historia de interacción con

Marruecos, que se refleja en las relaciones personales y familiares. Esta conexión geográfica no sólo favorece la convivencia, sino que también crea lazos que pueden dar lugar a matrimonios mixtos.

Por otro lado, las uniones entre españoles y colombianos están influidas por un intenso flujo migratorio transatlántico. En los últimos años, muchos colombianos han buscado nuevas oportunidades en España, atraídos por factores como mejores condiciones de vida, educación y trabajo. Esta migración ha generado un aumento significativo de las interacciones sociales entre las dos nacionalidades, culminando en matrimonios que reflejan esta nueva dinámica migratoria.

En el ámbito de los matrimonios mixtos, y sin perjuicio de las particularidades existentes tanto en el ordenamiento jurídico español, como en el resto de los ordenamientos jurídicos nacionales, es equivalente hablar de "pensión compensatoria entre cónyuges" y de "obligación de alimentos", estando integradas ambas en el concepto jurídico más amplio de obligaciones alimenticias. De esta forma, el concepto de "obligaciones alimenticias" debe ser objeto de una interpretación amplia, tomando como referencia la jurisprudencia del Tribunal de Justicia de la Unión Europea[27] (a partir

---

27 *Vid.* STJUE 6 de marzo de 1980; as. 120/1979; y STJUE 27 de febrero de 1997; as. C-220/1995.

de ahora, TJUE), en el contexto del Reglamento (CE) núm. 4/2009 del Consejo, de 18 diciembre 2008, relativo a la competencia, la ley aplicable, el reconocimiento y la ejecución de las resoluciones y la cooperación en materia de obligaciones de alimentos[28] (en adelante, el Reglamento 4/2009[29]) de los que se puede extraer

---

28 *DOUE* L7 de 10 de enero de 2009. El Reglamento 4/2009 entró en vigor el 30 enero 2009 pero se aplica, en general, desde del 18 junio 2011. En efecto, la Decisión del Consejo de 30 noviembre 2009 relativa a la adhesión de la Comunidad Europea al Protocolo de La Haya, de 23 de noviembre de 2007, sobre la Ley aplicable a las obligaciones alimenticias (DOUE L33 de 16 de diciembre de 2009) indica (= artículo 4) que al adherirse al Protocolo, la Unión Europea declarará que "aplicará las normas establecidas en el Protocolo con carácter provisional a partir del 18 de junio de 2011 (....), si dicho Protocolo no hubiere entrado en vigor en esa fecha de conformidad con su artículo 25, apartado 1".

29 El Reglamento 4/2009 ha sido objeto de estudio por la doctrina, tanto a nivel nacional como a nivel internacional: M. Aguilar Benítez de Lugo/H. Aguilar Grieder, "Alimentos y orden público (I)", BIMJ, núm. 2011, 15 abril 2006, pp. 1561-1593; S. Álvarez González, Crisis matrimoniales y prestaciones alimenticias entre cónyuges, Civitas, Madrid, 1996; Id., "El Reglamento 4/2009/CE sobre obligaciones alimenticias: cuestiones escogidas", Diario La Ley, n.7230, Sec. Doctrina, 31 Julio 2009; B. Ancel, "L'internationalisation de l'obligation alimentaire envers les enfants par le droit conventionnel de la recon-

la siguiente definición: prestaciones cuyo objeto sea satisfacer las necesidades socio-económicas del individuo a partir de una relación de familia", independien-

---

naissance des décisions", Mél. Fritz Sturm, Liège, 1999; P. Beaumont, "International Family Law in Europe – The Maintenance Project, the Hague Conference and the EC: A Triumph of Reverse Subsidiarity", RabelsZ, vol 73, n º 3, 2009, pp. 509-546; F. Maroungiu BuonaiutI, "Obbligazioni alimentari, rapporti patrimoniali tra coniugi e litispendenza tra i regolamenti Bruxelles I e Bruxelles II", RDIPP, 2005, pp. 699-722; D. Martiny, "Maintenance Obligations in the Conflict of Laws", RCADI, 1994, vol.247, pp. 131-290; M. Verwilghen, "Actes et documents de la Douzième session", vol. IV, Conférence de La Haye de Droit international privé, 1972, pp. 383 ss. (informe explicativo Convenio de La Haya de 2 octubre 1973 sobre la Ley aplicable a las obligaciones de alimentos); I. Viarengo, "Le obbligazioni alimentari nel diritto internazionale privato comunitario", en S. Bariatti (Coord.), La famiglia nel diritto internazionale privato comunitario, Milano, Dott. A. Giuffrè Editore, S.p.A., 2007, pp. 227-265; A. Malatesta, "La convenzione e il Protocollo dell'Aja del 2007 in materia de alimenti", RDIPP, 2009, pp. 829-848; F. Pocar / I. Viarengo, "Il Regolamento (CE) n.4/2009 in materia di obbligazioni alimentari", RDIPP, 2009, pp. 806-828; S. Poillot-Peruzzetto, "Le règlement n.4/2009 du Conseil du 18 décembre 2008 en matière d'obligations alimentaires", Dalloz, Répertoire de droit communautaire, mars 2009; M. Guzman Zapater, "La superación del exequátur en el espacio judicial europeo: decisiones relativas temente de que se trate de pagos periódicos o de una suma total única, e incluye, en particular, las pensiones compensatorias entre cónyuges, en la medida en que derivan de la ruptura de una relación de familia y/o se basan en las necesidades y recursos respectivos de los esposos, que tienen una naturaleza equivalente a la pensión de alimentos.

Concepto de "alimentos" en el Reglamento 4/2009. El concepto de "alimentos" que maneja el Reglamento 4/2009 es el mismo que ya manejaba el Reglamento 44/2001. Se trata de un "concepto autónomo", independiente, europeo, propio de dicho Reglamento 4/2009. Es un concepto diferente del concepto de "alimentos" que manejan los Derechos de los Estados miembros. Es, además, un concepto muy amplio. Con arreglo al Cons. 11 del Reglamento 4/2009, cabe precisar lo siguiente: (a) Son "alimentos", a efectos del

---

a derecho de visita y obligación de alimentos", Cursos de Derecho Internacional y Relaciones Internacionales de Vitoria-Gasteiz, 2006, pp. 211-246; W. Duncan, "The New Hague Convention on the International Recovery of Child Support and other forms of family maintenance", International Family Law, marzo 2008, pp. 13 y ss; D. Rosettenstein, "Choice of law in international child support obligations: Hague or vague, and does it matter? an American perspective", International Journal of Law, Policy and the Family, 2008, pp. 122–134; D. Eames, "The new Hague Maintenance Convention", Family Law, 2008, pp. 347 350.

Reglamento 4/2009, todas aquellas prestaciones que la Ley establece con el objetivo de paliar las necesidades económicas de ciertas personas y que se imponen sobre ciertos parientes o personas que disponen de mayores recursos económicos (= STJCE 20 marzo 1997, *Farrell*; en el sector de la Ley aplicable, *vid.* la muy correcta SAP Barcelona 14 octubre 2013 (JUR 2013\171899) (divorcio de cónyuges marroquíes), que indica que la prestación regulada en el Derecho marroquí y conocida como "Mut'a" (art. 84 Mudawana marroquí) desarrolla una función alimenticia y debe regirse por las normas españolas de DIPr. relativas a los alimentos (también SAP Barcelona 17 noviembre de 2009); (b) No importa la denominación jurídica de la prestación a satisfacer: pensión compensatoria, alimentos, deber de socorro, manutención, cargas del matrimonio, etc. Tampoco importa la modalidad de la prestación: que la prestación consista en el pago de una suma monetaria y/o en la cesión de un bien, que el pago de la suma sea *in tontum* o en "cuotas periódicas", etc., es indiferente. También es irrelevante que obligación se haya determinado en consideración de las necesidades y recursos de las partes (Informe POCAR sobre el Convenio de "Lugano II", núm. 54 en DOUE 13 diciembre 2019); (c) La amplitud del concepto "alimentos" manejado por el Reglamento 4/2009 hace que en el mismo se incluyan ciertas prestaciones compensatorias entre ex-cónyuges. En efecto, el concepto de "alimentos" recogido en el Reglamento 4/2009, cubre la "pensión por desequilibrio" contemplada en el art. 97 CC, aunque se decida en el marco de un proceso de divorcio (= proceso que está excluido del Reglamento Bruselas I-bis y del Reglamento 4/2009 (alimentos) STJCE 25 febrero 2010 (JUR 2010\132308), SAP Barcelona 11 marzo 2010 (RJ 2010\2723) SAP Lleida 7 abril 2006 (JUR 2006\249369), SAP Barcelona de 12 febrero 2013 (JUR 2013\111432) (divorcio entre cónyuges portugueses), SAP Barcelona 12 mayo 2015 (JUR 2013\171899) (cónyuges alemanes)). La pensión post-divorcio que para la determinación de su cuantía toma en consideración las necesidades y los recursos de cada uno de los cónyuges, y que tiene como finalidad la manutención del cónyuge, debe ser considerada una pensión de "alimentos". La solución puede parecer extraña a los juristas españoles, pues es sabido que, en Derecho civil español, la pensión compensatoria post-divorcio no tiene "naturaleza alimenticia".

En nuestro ordenamiento interno, de conformidad con el artículo 97 del Código Civil, redactado por Ley 30/1981, de 7 de julio, la pensión compensatoria constituye la cantidad periódica que un cónyuge debe satisfacer a otro tras la separación o el divorcio, para compensar el desequilibrio padecido por un cónyuge (= el acreedor), en relación con el otro cónyuge (= el deudor), como consecuencia directa de dicha separación o divorcio, de la que se derive un empeoramiento en relación con su anterior situación en el matrimonio. Se trata, por lo tanto, de una prestación que no tiene como finalidad reparar otros daños causados por un cónyuge a otro, cuya reclamación tiene un cauce y unos medios diferentes; ni tampoco tiene como propósito igualar el patrimonio privativo de los cónyuges después de la separación o el divorcio o economías dispares, sino que, más bien, el objetivo de la pensión compensatoria es la sustitución de los deberes de asistencia y de socorro mutuo reparando el desequilibrio causado entre los patrimonios de los cónyuges en aquellos casos en los que la separación y el divorcio causa un empeoramiento en la situación patrimonial de uno de los cónyuges. En otras palabras, la pensión compensatoria tiene por objeto garantizar, o al menos suavizar, la transición en el nivel de vida de uno de los cónyuges una vez finalizada la relación. La pensión compensatoria se define como una cuota periódica de dinero que un cónyuge debe pagar al otro en el momento de la separación o el divorcio. Esta medida pretende promover un equilibrio financiero y emocional que permita a ambos cónyuges adaptarse a las nuevas circunstancias de una manera más justa y equilibrada.

De esta manera, teniendo en cuenta la anterior definición material extraída de nuestro ordenamiento interno, y añadiendo el elemento internacional que se presenta de forma cada vez más habitual, es posible analizar las principales cuestiones de Derecho Internacional Privado del tema planteado, teniendo en cuenta que, en este ámbito, se trata de una cuestión cuya regulación es fiel reflejo del proceso de codificación internacional en la materia desarrollado en los tres ámbitos tradicionales: competencia judicial internacional, ley aplicable y reconocimiento y ejecución de las relaciones en esta materia. Por lo tanto, a continuación, analizaremos estos elementos con el fin de fijar adecuadamente el régimen jurídico de la pensión compensatoria entre cónyuges en el Derecho internacional privado español.

III. El sistema español de competencia judicial internacional en materia de compensación económica por separación o divorcio entre cónyuges

El principal instrumento legal vigente en España en esta materia es, como ya hemos señalado, el Reglamento 4/2009, que contiene un conjunto de normas que regulan competencia judicial internacional en esta materia. El Reglamento 4/2009 sustituye a las normas nacionales anteriores, abarcando casi todas las situaciones posibles, lo que significa que las normas europeas se aplican no solo a los ciudadanos de la UE, sino también a los nacionales de terceros países que residen en un Estado miembro. Aborda cuestiones fundamentales de Derecho internacional privado, como la competencia judicial internacional y la cooperación entre autoridades para garantizar la eficacia de las obligaciones de alimentos en contextos transnacionales. Aunque entró en vigor el 18 de junio de 2011, su aplicación práctica se ha enfrentado a dificultades, especialmente en lo que se refiere a la ley aplicable, ya que el reglamento remite al Protocolo de La Haya sobre Obligaciones Alimenticias de 2007, como veremos a continuación. La aplicación del Reglamento es independiente de la nacionalidad de las partes implicadas, centrándose en el domicilio de las personas[30].

El Reglamento establece un marco para abordar las obligaciones de pensión alimenticia en situaciones transfronterizas, derivadas de relaciones familiares. Su objetivo principal es facilitar el cobro de estos créditos alimentarios en toda la Unión Europea, incluso cuando el deudor o el acreedor se encuentren en diferentes países. Este reglamento incluye medidas que simplifican el proceso de pago de pensiones alimenticias, asegurando que los miembros de la familia que se encuentran en necesidad, como niños o ex parejas tras un divorcio, reciban el apoyo financiero correspondiente. Se aplica a diversas relaciones familiares, incluyendo aquellas basadas en parentesco, matrimonio o afinidad. Así, se busca garantizar que la ayuda

---

30 *Vid.* ALCAMÍ, Rosa Lapiedra. La regulación del derecho de alimentos en la Unión Europea. **Barataria. Revista Castellano-Manchega de Ciencias Sociales**, [S.L.], n. 19, p. 127-138, 1 jul. 2015. Asociacion Castellano-Manchega de Sociologia (ACMS). http://dx.doi.org/10.20932/barataria.v0i19.30.

económica llegue a quienes más la necesitan, sin importar las fronteras.

A continuación figura un cuadro de las directrices y procedimientos establecidos por el Reglamento 4/2009 y el Protocolo de La Haya de 2007 en relación con las obligaciones de alimentos:

Objetivo del Reglamento	Garantizar la recogida rápida y eficaz de las declaraciones alimentarias.
Eliminación del Exequátur	– Se ha eliminado el exequátur como norma general (art. 17.1). – Las órdenes de ejecución en materia de alimentos requieren medidas cautelares para garantizar su cumplimiento (art. 18).
Clasificación de las resoluciones judiciales	1. Estados Partes en el Protocolo de La Haya de 2007 (Sección 1) 2. Estados no vinculados por el Protocolo (Sección 2)
Resoluciones de los Estados Partes en el Protocolo	– Reconocimiento automático y exequátur (art. 17.1). – Excepción: Dinamarca. – Las resoluciones son títulos ejecutivos en la UE. – Documentación exigida (art. 20.1): – Copia de la resolución. – Extracto de la resolución. – Traducción, si procede. – Documento de atrasos de alimentos, si procede.

Motivos de denegación/ suspensión	– Denegación: motivos establecidos en el art. 21, entre otros: – Prescripción del derecho a la ejecución. – Incompatibilidad con otra resolución. – Suspensión: causas previstas en el Art. 21, entre ellas: – Revisión de la resolución en curso. – Suspensión de la ejecutoriedad en origen.
Resoluciones de Estados no vinculantes	– No se elimina el exequátur (art. 26). – Reconocimiento automático con procedimiento de exequátur similar al Reglamento 44/2001. – Documentación y plazos establecidos en los artículos 27, 28, 30 y 32.
Motivos de denegación del reconocimiento	Previsto en el Art. 24: 1. Contravención del orden público. 2. Violación de los derechos de la defensa. 3. Incompatibilidad con otra resolución anterior en el Estado de ejecución. 4. Incompatibilidad con otra sentencia anterior en cualquier estado miembro o tercero, si existe identidad de objeto y partes.

Además de las situaciones descritas anteriormente, el Reglamento 4/2009 también establece normas comunes para la ejecución de las resoluciones en materia de alimentos, independientemente del Estado de origen. Estas normas permiten al tribunal conceder la ejecución provisional, incluso en apelación (art. 39), y establecen un procedimiento común para invocar las resoluciones de otros Estados miembros. El proceso de ejecución se rige por el Derecho interno del país de ejecución (art. 41.1) y prohíbe la revisión del contenido de la sentencia. Además, el cobro de la pensión alimenticia tiene prioridad sobre las costas del Reglamento, lo que pone de relieve la necesidad de un mecanismo eficaz de cooperación entre las autoridades de los Estados miembros para garantizar el cobro eficiente de las pensiones alimenticias.

Asimismo, el Reglamento 4/2009 regula el reconocimiento y *exequátur* de las decisiones en materia de alimentos dictadas por autoridades de los Estados miembros (= Capítulo IV del Reglamento 4/2009), encontrándonos, en este punto, con que las decisiones dictadas por autoridades de Estados miembros vinculados por el Protocolo de La Haya de 2007 disponen, como veremos, de un régimen más favorable para alcanzar su efectividad en los demás Estados miembros (= sección 1 Capítulo IV del Reglamento 4/2009), mientras que las procedentes de Estados miembros no vinculados por el Protocolo de La Haya de 2007 están sujetas a un régimen más severo (= sección 2 Capítulo IV del Reglamento 4/2009).

Competencia en materia de alimentos y art. 22 quáter de la LOPJ. Antes de la entrada en vigor del

Reglamento 4/2009, y en defecto de instrumento internacional aplicable, los tribunales españoles eran competentes en materia de obligaciones de alimentos con arreglo al artículo 22 LOPJ, redacción de 1985. SAP Barcelona 24 noviembre 2006 (JUR 2007\139864); SAP Barcelona 2 mayo 2006 (JUR 2006\272347); SAP Tarragona 6 febrero 2006 (AC 2006\1944), AAP Tarragona 30 enero de 2009 (JUR 2009\65022). Hoy día, el precepto es inaplicable. El artículo 22 quáter f), precepto redactado en 2015 y que contiene los foros de competencia internacional con arreglo a los cuales los tribunales españoles pueden declararse competentes en los casos internacionales relativos a alimentos resulta inaplicable en la práctica. En concreto, el texto inaplicable del artículo 22 quáter f) LOPJ indica que los tribunales españoles son competentes: *f) En materia de alimentos, cuando el acreedor o el demandado de los mismos tenga su residencia habitual en España o, si la pretensión de alimentos se formula como accesoria a una cuestión sobre el estado civil o de una acción de responsabilidad parental, cuando los Tribunales españoles fuesen competentes para conocer de esta última acción.*

El estudio del régimen de la competencia judicial internacional previsto en el Reglamento 4/2009 nos debe llevar, *a priori*, a destacar las siguientes ideas sobre las que se profundizará más adelante y que tienen, como fin último inspirador, garantizar la proximidad entre el acreedor y el órgano jurisdiccional competente y favorecer, por ende, el cobro efectivo de los créditos alimenticios en casos transfronterizos[31]:

1ª) El foro general determina que, la jurisdicción competente para decidir en materia de obligaciones alimenticias es la del lugar de residencia habitual del demandado o el acreedor; mientras que la competencia judicial internacional

---

31 Esta cuestión se pone de relieve, con total claridad, en la STJUE de 18 diciembre de 2014 (RJ 2014\2858), en los asuntos acumulados C-400/13 y C-408/13, Sanders y Huber, aborda el juego del art. 3.b) en relación con la normativa interna de un EM, que prevé una concentración de competencias judiciales en materia de obligaciones de alimentos transfronterizas a favor de un órgano jurisdiccional de primera instancia, que sea competente en el lugar en el que se encuentre el órgano jurisdiccional de apelación. El TJUE asume con claridad que las reglas de competencia previstas en el Reglamento 4/2009 tienen por objeto garantizar una proximidad entre el acreedor y el órgano jurisdiccional competente y favorecer, por ende, el cobro efectivo de los créditos alimenticios en casos transfronterizos. En consonancia con ello, se entiende que el art. 3.b) del Reglamento 4/2009 debe interpretarse como oponiéndose a una normativa nacional que prevea tal concentración de competencias, salvo que dicha regla contribuya a la consecución del objetivo de una recta administración de la justicia y proteja el interés de los acreedores de alimentos favoreciendo el cobro efectivo de tales créditos, lo que, en cualquier caso, corresponde comprobar al órgano jurisdiccional remitente.

corresponderá al órgano jurisdiccional competente en virtud de la ley del foro para examinar una acción en materia de estado de las personas (un divorcio, por ejemplo) o de responsabilidad parental[32], cuando esté asociada una demanda relativa a una obligación alimentaria (siempre que esta competencia no se base únicamente en la nacionalidad de una de las partes).

2ª) Salvo en el caso de los litigios relativos a la obligación de alimentos respecto a un menor de edad inferior a 18 años, las partes podrán, bajo ciertas condiciones, atribuir de común acuerdo la competencia a un órgano jurisdiccional o a los órganos jurisdiccionales de un Estado miembro para resolverlo.

3ª) Será competente el órgano jurisdiccional de un Estado miembro ante el cual comparezca el

---

32 En lo que respecta al concepto de "responsabilidad parental", la jurisprudencia comunitaria ha considerado que se trata de un concepto amplio que debe ser interpretado de manera extensiva (STJUE 21 de octubre 2015 (RJ 2015\1320). De esta forma, se trata de un concepto que comprende "los derechos y obligaciones conferidos a una persona física o jurídica en virtud de una resolución judicial, por ministerio de la ley o por un acuerdo con efectos jurídicos, en relación con la persona o los bienes de un menor" (art.1.2, 1.3 y 2.7 RB II-bis). Al respecto, vid. entre otras la STJUE 27 noviembre de 2017 (RJ 2017\1486).

demandado, excepto si éste pretende impugnar tal competencia.

4ª) Si no se cumple ninguna de las condiciones antes mencionadas, el litigio podrá interponerse, teniendo en cuenta algunas condiciones, ante los órganos jurisdiccionales de un Estado miembro en el que residan las dos partes.

5ª) De no darse esa circunstancia, si el procedimiento no puede interponerse en un Estado tercero con el que el litigio tiene un estrecho vínculo, la demanda podrá interponerse ante el órgano jurisdiccional de un Estado miembro con el que el asunto presente un vínculo suficiente.

6ª) Si el acreedor sigue viviendo en el Estado miembro que ha dictado la resolución en materia de obligaciones de alimentación, el deudor no podrá, salvo excepciones, iniciar un procedimiento para modificarla en ningún otro Estado miembro. Sin embargo, el acreedor podrá aceptar que otro órgano jurisdiccional conozca del recurso.

7ª) Si un procedimiento concerniente a las mismas partes y con el mismo objeto y la misma causa se presentase ante los órganos jurisdiccionales de distintos Estados miembros, será competente el órgano jurisdiccional ante el cual se interpuso primero.

8ª) Independientemente del órgano jurisdiccional competente en el fondo, se pueden presentar medidas provisionales y cautelares ante todo órgano jurisdiccional de cualquier Estado miembro, conforme las previsiones de la ley del Estado en cuestión.

Aunque las anteriores ideas son las que derivan del estudio de las previsiones del Reglamento 4/2009, resulta necesario un análisis de mayor profundidad de los diferentes foros de competencia que se regulan en el meritado Reglamento.

1. FOROS DE COMPETENCIA

Dentro del Estado español, la definición de la jurisdicción es una cuestión fundamental basada en la estructura organizativa del poder judicial. Esta definición varía en función de diferentes criterios, como la naturaleza de la persona implicada, el asunto en cuestión o el objeto de la acción judicial. Esta flexibilidad es esencial para garantizar un tratamiento adecuado y eficaz de los asuntos, respetando las particularidades de cada situación. Para ilustrar mejor esta dinámica, a continuación se presenta un organigrama en el que se detalla la estructura del poder judicial español y sus distintas subdivisiones. Este organigrama no sólo ayuda a visualizar las diferentes instancias y jurisdicciones, sino que también sirve como guía práctica para entender cómo se distribuyen las competencias dentro del sistema judicial, facilitando así la identificación del foro adecuado para una demanda de divorcio, por ejemplo.

El artículo 3 del Reglamento 4/2009 establece cuatro foros[33] que tienen carácter alternativo[34]: a) el

---

33 En relación a la finalidad última de la inclusión de foros alternativos de competencia, resulta de especial interés la STJUE, as. C-400/13 y 408/13 (http://curia.europa.eu/juris/document/document.jsf?text=&docid=160938&pageIndex=0&doclang=es&mode=lst&dir=&occ=first&part=1&cid=4457728) que señala que el artículo 3 del Reglamento establece cuatro foros alternativos. Según este precepto, serán competentes internacional y territorialmente los tribunales del lugar: donde el demandado tenga su residencia habitual; o donde el acreedor tenga su residencia habitual. Por consiguiente, serán competentes los tribunales españoles o siempre que la residencia habitual del demandado esté en España o siempre que el acreedor tenga su residencia habitual en España. El contenido de estos foros y su juego alternativo quiere favorecer el acceso a la justicia de la parte sujeta a necesidad económica; además, se prevén dos reglas alternativas de conexidad procesal cuando la obligación alimenticia se reclame como accesoria a una acción de estado civil o a una acción relativa a la responsabilidad parental. En el primer caso, los tribunales que tengan competencia para conocer también de la obligación alimenticia, salvo que la competencia para conocer de aquélla se hubiese basado exclusivamente en la nacionalidad de una de las partes.

34 En este sentido, resulta irrelevante que el deudor tenga su domicilio para la aplicación del Reglamento 4/2009, ya que

órgano jurisdiccional del lugar donde el demandado tenga su residencia habitual, o b) el órgano jurisdiccional del lugar donde el acreedor tenga su residencia habitual[35-36], o c) el órgano jurisdiccional competente

---

este parte de la base de que la mejor manera de preservar los intereses de los acreedores de alimentos y de favorecer una buena administración de justicia en la UE es garantizando la aplicación generalizada de unas nuevas reglas. A tal fin, el hecho de que el demandado tenga su residencia habitual en un tercer Estado deberá dejar de ser una causa de inaplicación de las reglas comunitarias de competencia.

35 El ATJUE de 10-4-2018, en el as. C-85/18 PPU, CV, por su parte, precisa que el art. 3 del Reglamento debe interpretarse en el sentido de que en una situación en la que un menor que tenía su residencia habitual en un Estado miembro fue trasladado ilícitamente por uno de sus progenitores a otro Estado miembro, los órganos jurisdiccionales de ese otro Estado miembro no son competentes para pronunciarse sobre una demanda relativa al derecho de custodia, o a la fijación de una pensión alimenticia respecto de dicho menor, a falta de toda indicación de que el otro progenitor haya dado su conformidad con el traslado del menor, o no haya presentado demanda de restitución de este último. Por su parte, en el caso de acciones de modificación de medidas la STJUE de 15-2-2017, en el as. C-499/15, W y V, señala que el art. 3 debe interpretarse en el sentido de que los órganos jurisdiccionales de un Estado miembro que han adoptado una resolución firme en materia de alimentos en lo que respecta a un menor de edad no siguen siendo competentes para

en virtud de la ley del foro para conocer de una acción relativa al estado de las personas, cuando la demanda

---

conocer de una demanda de modificación de las medidas establecidas en esa resolución, en el caso de que la residencia habitual del menor esté situada en el territorio de otro Estado miembro. Los órganos jurisdiccionales competentes para conocer de esa demanda son los órganos jurisdiccionales de este último Estado miembro.

36 Una cuestión interesante en lo que respecta a los foros de competencia en general, y al foro de la residencia habitual del acreedor de los alimentos, en particular, se plantea debido a la inclusión de las acciones de repetición o regreso alimenticio ejercitadas por entes públicos en el ámbito de aplicación material de las reglas sobre alimentos del Reglamento "Bruselas I" ha sido fuente de dudas (= Auto AP De Islas Baleares (sección 4ª) de 2 de diciembre de 2011 (JUR 2011l\111432)). La aplicación del régimen del Reglamento "Bruselas I" parecía depender en este caso de la naturaleza de la legitimación ejercida por el ente público, derivada directamente de la relación jurídico-privada o, al contrario, justificada en una prerrogativa del poder público (*iure imperii*). Sólo en este último caso parecía que la aplicación del régimen de Bruselas quedaba descartada, si bien el Tribunal de Justicia tendió a resolver la alternativa según que se tratase de una legitimación conferida por normas de "Derecho civil" o de "Derecho público", esto es, basándose más bien en criterios formales relativos a la fuente que en criterios sustanciales referidos al carácter de la intervención del organismo público (Sents. TJCE de 14 de noviembre de 2002, As. C-271/2000: "Baten" http://curia.europa.eu/juris/

relativa a una obligación de alimentos sea accesoria de esta acción, salvo si esta competencia se basa únicamente en la nacionalidad de una de las partes, o d) el órgano jurisdiccional competente en virtud de la

---

showPdf.jsf;jsessionid=4D89D8758E42CF7BE01170446EF667B9?text=&docid=47511&pageIndex=0&doclang=es&mode=lst&dir=&occ=first&part=1&cid=520280) y de 15 de enero de 2004 (Asunto C-433/2001: "Jan Blijdenstein" http://curia.europa.eu/juris/showPdf.jsf?text=&docid=48852&pageIndex=0&doclang=ES&mode=lst&dir=&occ=first&part=1&cid=521449 / http://www.ciss.es/publico/deloitte/2013_81_S_040.pdf).

Con independencia de la fuente de la legitimación del ente público en estos supuestos, lo que sí deja claro el Tribunal en estas decisiones es que, en los supuestos de subrogación del organismo público en los derechos del acreedor, la acción de repetición no puede basarse en los foros especiales en materia de alimentos, directamente justificados en la protección del acreedor de alimentos como parte débil, estando obligado a recurrir al foro general del domicilio del demandado. En ningún caso un organismo público (ni siquiera al margen de sus prerrogativas públicas) podría utilizar el foro de la residencia habitual del acreedor contenido en el artículo 3 b) del Reglamento "Bruselas III". A efectos de este Reglamento, los organismos públicos sólo son considerados "acreedores" en el capítulo del reconocimiento y ejecución de decisiones (fundamento 14 y art. 64). En el caso de España, el Real Decreto 1618/2007 de 7 de diciembre sobre organización y funcionamiento del Fondo de Garantía del

ley del foro para conocer de una acción relativa a la responsabilidad parental, cuando la demanda relativa a una obligación de alimentos sea accesoria de esta acción, salvo si esta competencia se basa únicamente en la nacionalidad de una de las partes[37].

Pago de Alimentos configura la subrogación del Estado con un carácter eminentemente público (art. 24). La Disposición adicional segunda prevé que cuando el deudor de alimentos resida en el extranjero, los beneficiarios de los anticipos públicos podrán, en cualquier momento del procedimiento, reclamar el pago de alimentos en aplicación de los convenios internacionales existentes en la materia, con independencia de su condición de beneficiario del anticipo del Fondo de Garantía del Pago de Alimentos.

37 Sobre esta cuestión se ha dictado, por parte del TJUE una interesante jurisprudencia que se puede observar en la STJUE de 16-7-2015, en el as. C-184/14, A, considera que el art. 3, letras c) y d), del Reglamento 4/2009 debe interpretarse en el sentido de que, cuando un órgano jurisdiccional de un Estado miembro conoce de una acción de separación, o de ruptura del vínculo conyugal, entre los padres de un hijo menor de edad, y un órgano jurisdiccional de otro Estado miembro conoce de una acción de responsabilidad parental en relación con ese menor, una demanda relativa a una obligación de alimentos a favor de ese hijo sólo es accesoria a la acción relativa a la responsabilidad parental en el sentido del artículo 3, letra d), de dicho Reglamento.

Análisis del foro de la residencia habitual del acreedor de alimentos (= artículo 3.b del Reglamento 4/2009).

El foro recogido en el artículo 3.b del Reglamento 4/2009 potencia la posición jurídica del acreedor de alimentos, persona más necesitada de tutela jurídica (= STJUE 18 diciembre 2014, as. ac. C-400/13 y C-408/13, *Sanders y otros*, FD 28). Normalmente, el demandante es el acreedor de alimentos. Dispone así de una "carta de foros" de competencia judicial internacional que le permite accionar ante los tribunales de diferentes Estados miembros. Por otro lado, el tribunal del lugar de la residencia habitual del acreedor de alimentos está en óptimas condiciones "para comprobar si éste se encuentra en situación de necesidad y para determinar el alcance de esta última" (= STJUE 18 diciembre 2014, as. ac. C-400/13 y C-408/13, *Sanders y otros*, FD 34).

El acreedor de alimentos puede accionar ante los tribunales del Estado miembro de su residencia habitual. De ese modo, el acreedor no está obligado a "perseguir judicialmente" al deudor ante los tribunales del Estado donde éste reside. El artículo 3.b del Reglamento 4/2009 recoge un foro de ataque (*fórum actoris*). De este modo, los alimentos pueden ser concedidos de modo más rápido (*venter non patitur dilationem*).

El artículo 3.b del Reglamento 4/2009 permite al acreedor de alimentos acudir ante los tribunales del país donde tiene su "residencia habitual". Ello es relevante en los casos en que el demandante, aun cuando conserva su "domicilio legal" en un país, (normalmente, país de acogida de emigrantes), reside de facto, pero habitualmente, en otro, que suele ser el Estado de origen del emigrante acreedor de alimentos, al que puede haber regresado tras una ruptura de convivencia en el país de acogida.

Este foro recogido en el artículo 3.b del Reglamento 4/2009 opera como una regla de competencia internacional y también como una regla de competencia territorial. Ahora bien, la precisión exacta del órgano jurisdiccional concretamente competente para resolver tales litigios y la definición concreta de la competencia territorial de los órganos jurisdiccionales del lugar de residencia habitual del acreedor, corresponde a cada Estado miembro. El Estado miembro en cuestión debe señalar como competente un tribunal que corresponda, realmente, al lugar donde el acreedor tiene su residencia habitual. Algunos Estados disponen de reglas de concentración de litigios sobre alimentos, que obligan al acreedor a litigar ante un tribunal que conoce de otro pleito o acción (normalmente un tribunal especializado en pleitos de alimentos) y lo alejan del lugar de su residencia habitual. Pues bien, en estos casos, debe realizarse una ponderación de intereses en este sentido: a) El artículo 3.b del Reglamento 4/2009 se opone, en principio, a las normativas nacionales que establecen una concentración de competencias judiciales en materia de obligaciones de alimentos transfronterizas a favor de un órgano jurisdiccional de primera instancia competente en el lugar en el que se encuentre la sede del órgano jurisdiccional de apelación; b) Ahora bien, esta normativa no es contraria al citado precepto si la misma contribuye a la consecución del objetivo de una recta administración de la justicia y proteja el interés de los acreedores de alimentos al favorecer el cobro efectivo de tales créditos, lo que, en cualquier caso, corresponde comprobar al órgano jurisdiccional que conoce del asunto.

5. Cuando la acción se ejercita por un progenitor en nombre y representación de su hijo menor, el titular del crédito alimenticio es el menor, él es el que ejercita la acción. Por tanto, debe tenerse en cuenta la residencia habitual del menor y no la residencia habitual de la madre (= SAP Barcelona de 29 abril de 2014 (JUR 2014\134864)).

Resulta muy discutida la cuestión de saber si el foro recogido en el artículo 3.b del Reglamento 4/2009 puede emplearse cuando el demandante no es el acreedor de alimentos, sino una institución pública que pide el reembolso de los alimentos a otra personal, normalmente, al deudor que tenía que suministrar tales alimentos. La jurisprudencia del TJCE era contraria, y con mucha razón, pues el fundamento del precepto consiste en favorecer al "acreedor de alimentos", no a "otros sujetos" que pueden actuar como "demandantes" en un litigio de alimentos (STJCE 15 enero 2004, *Bayern*). El antiguo artículo 5.2 del Reglamento 44/2001 era, pues, un "foro unidireccional": sólo beneficiaba al "acreedor de alimentos" y a nadie más. Esta tesis todavía puede mantenerse en relación con el artículo 68.2 del Reglamento 4/2009 podrá permitir también utilizar dicho foro a "un organismo público" que actúa en lugar de una persona física a quien se le deba el pago de alimentos.

En definitiva, nos encontramos con que, en defecto de sumisión expresa o tácita, el Reglamento "Bruselas III", de forma parecida a lo previsto en el Reglamento "Bruselas I" o en el Convenio de "Lugano II", prevé la competencia concurrente de los tribunales de los Estados miembros correspondientes a la residencia (en lugar del domicilio) del demandado y a la residencia (y no al domicilio) del acreedor de alimentos (= art. 3 a) y b)). Acreedor alimenticio debe ser considerado tanto quien ya ha sido reconocido por una resolución judicial previa como titular de tal derecho, como quien por vez primera interpone una acción de alimentos (STJCE de 20 de marzo de 1997, As. C-295/1995: "Jackie Farrel/James Long")[38].

---

[38] El fundamento último de este sistema de determinación de la competencia judicial internacional en el caso de los litigios sobre alimentos se observa, con absoluta nitidez,

Además, el Reglamento 4/2009 también, prevé el juego de la autonomía de la voluntad (= artículo 4 del Reglamento 4/2009), estableciendo unos foros de sumisión expresa y tácita. De esta forma, las partes podrán convenir que cualquiera de los siguientes órganos jurisdiccionales de un Estado miembro sean competentes para resolver los litigios en materia de obligación de alimentos suscitados o que puedan suscitarse entre ellos: a) el órgano jurisdiccional competente para conocer de sus litigios en materia matrimonial, o b) el órgano u órganos jurisdiccionales del Estado miembro en cuyo territorio hayan tenido su última residencia habitual común los cónyuges durante al menos un año. El Reglamento no exige que dichas partes o una de las partes tenga su residencia habitual o domicilio en un Estado miem-

---

en la Sentencia de 20-03-1997, núm. C-295/1995, Jackie Farrell/James Long, en la que el Tribunal declara que, en materia de obligaciones alimentarias, se permite a una esposa que haya sido abandonada por su marido demandar a este último para que pague una pensión alimentaria no ante el Juez del lugar del domicilio legal sino ante el Juez del lugar en el que ella tiene su residencia habitual). El fundamento de este foro es tanto procesal como sustantivo. Desde un punto de vista procesal, permite al Tribunal una mejor valoración de las necesidades del acreedor alimenticio. Desde una perspectiva sustantiva, favorece el acceso a la justicia de la parte económicamente más débil.

bro. La elección deberá hacerse por escrito y tendrá alcance exclusivo. Se considerará hecho "por escrito" toda transmisión efectuada por medios electrónicos que proporcione un registro duradero del acuerdo, como, p. ej., intercambio de *emails* (= artículo 4.2 del Reglamento 4/2009).

Análisis y régimen jurídico de la sumisión expresa.

Las partes pueden elegir como competentes a un concreto órgano jurisdiccional de un Estado miembro o los órganos jurisdiccionales de un Estado miembro en su conjunto, caso en el que la precisión del concreto órgano jurisdiccional competente se llevará a término con arreglo a la legislación procesal de dicho Estado;

Las partes sólo pueden elegir como competentes determinados órganos jurisdiccionales de los Estados miembros y en concreto (= artículo 4.1 letras a, b, c del Reglamento 4/2009): a) El órgano u órganos jurisdiccionales del Estado miembro en que una de las partes tenga su residencia habitual; b) El órgano u órganos jurisdiccionales del Estado miembro del que sea nacional una de las partes; c) Por lo que respecta a las obligaciones de alimentos entre cónyuges o ex cónyuges, el órgano jurisdiccional competente para conocer de sus litigios en materia matrimonial, o el órgano u órganos jurisdiccionales del Estado miembro en cuyo territorio hayan tenido su última residencia habitual común los cónyuges durante al menos un año. Las condiciones contempladas en las letras a), b) o c) del artículo 4.1 del Reglamento 4/2009 deben cumplirse en el momento de celebrarse el acuerdo de elección de foro o de presentación de la demanda.

Las partes pueden elegir los tribunales competentes en relación con litigios en materia de alimentos ya suscitados o que puedan suscitarse entre ellas en el futuro.

La competencia atribuida en virtud de un acuerdo de elección de tribunal o tribunales se presume que es "exclusiva" y que, por ello, excluye la competencia de cualquier otro tribunal designado por el Reglamento 4/2009, salvo que las partes hayan pactado lo contrario de modo expreso o tácito (artículo 4.1 III del Reglamento 4/2009).

El acuerdo de elección del foro debe celebrarse por escrito. Es una forma *ad solemnitatem*, de modo que, si no se observa, se estimará que el acuerdo no existe y no produce efectos legales. Se considerará hecho "por escrito" toda transmisión efectuada por medios electrónicos que proporcione un registro duradero del acuerdo, como intercambio de *emails*, por ejemplo (artículo 4.2 del Reglamento 4/2009).

Los acuerdos de elección de tribunal competente son posibles en relación con todo litigio de alimentos excepto con los litigios relativos a la obligación de alimentos respecto de un menor de edad inferior a 18 años (= artículo 4.3 del Reglamento 4/2009).

Si las partes hubieren acordado atribuir una competencia exclusiva a un órgano jurisdiccional o a los órganos jurisdiccionales de un Estado parte en el Convenio de Lugano II de 30 de octubre de 2007 que no fuera un Estado miembro de la UE, el Convenio de Lugano II será aplicable excepto en lo referente a los litigios relativos a la obligación de alimentos respecto de un menor de edad inferior a 18 años (= artículo 4.4 del Reglamento 4/2009).

El artículo 4 del Reglamento 4/2009 permite la libre elección del tribunal competente por las partes y no exige para ello que dichas partes o una de las partes tenga su residencia habitual o domicilio en un Estado miembro.

Los foros de competencia internacional recogidos en el Reglamento 4/2009 tienen como objetivo "ofrecer una protección particular al alimentista, que es considerado la parte más débil en un procedimiento de este tipo" (= STJUE 18 diciembre 2014, as. Ac. C-400/13 y C-408/13, *Sanders y otros*, FD 28). Ese favor jurisdiccional se traduce en que las normas de competencia recogidas en el Reglamento 4/2009 garantizan una "proximidad entre el acreedor y el órgano jurisdiccional competente".

En cuanto a la sumisión tácita, nos encontramos con que, con independencia de los casos en los que su competencia resultare de otras disposiciones del Reglamento 4/2009, será competente el órgano jurisdiccional del Estado miembro ante el que compareciere el demandado (= artículo 5 del Reglamento 4/2009).

Análisis y régimen jurídico de la sumisión tácita.

En cuanto a la sumisión tácita, regulada en el artículo 5 del Reglamento 4/2009, cabe subrayar que sigue la horma presente en el artículo 26 RB I-bis, de modo que, si el demandado comparece ante el tribunal al que el actor se ha dirigido previamente, y no impugna la competencia de dicho tribunal, éste será competente para conocer del litigio relativo a alimentos. No es

Además de los anteriores foros de competencia, nos encontramos con un foro subsidiario de competencia y con un *fórum necessitatis.*

En lo que respecta al foro subsidiario de competencia, nos encontramos con que, cuando ningún órgano jurisdiccional de un Estado miembro sea competente con arreglo a los citados artículos 3, 4 y 5, serán competentes los órganos jurisdiccionales del Estado miembro del que las partes tengan nacionalidad común (= artículo 6 del Reglamento 4/2009).

Por lo que respecta al *fórum necessitatis,* dispone el Reglamento 4/2009 que, cuando ningún órgano jurisdiccional de un Estado miembro sea competente con arreglo a los artículos 3, 4 y 5, los órganos jurisdiccionales de un Estado miembro podrán, en casos excepcionales, conocer del litigio si un procedimiento no puede razonablemente introducirse o llevarse a cabo o resulta imposible en un Estado tercero con el cual el litigio tiene estrecha relación (= artículo 7 del Reglamento 4/2009). Esta disposición pretende evitar que las partes que no pueden, en la práctica, litigar en un tercer Estado, tampoco lo puedan hacer en un Estado miembro. Si existe un Estado miembro que presenta una conexión suficiente con dicho pleito, los tribunales de dicho Estado miembro "podrán" conocer del litigio. Esta posibilidad de atribución de la competencia judicial internacional dependerá del caso concreto, y se valorará, de forma discrecional, por parte de los órganos jurisdiccionales del estado miembro que se trate, la oportunidad de declararse competentes al efecto, sin que exista una obligatoriedad para los órganos judiciales en relación a la declaración de competencia en base al *fórum necessitatis* previsto en el artículo 7 del Reglamento 4/2009.

***Fórum necessitatis* y artículo 7 del Reglamento 4/2009.** Varios datos son importantes en torno a esta disposición: 1) Se trata de una regla a aplicar exclusivamente en "casos excepcionales" (Cons.19 del Reglamento 4/2009). Indica el Cons. 19 del Reglamento 4/2009, que *uno de esos casos excepcionales podría darse cuando en el Estado tercero de que se trate resulte imposible* *un procedimiento, por ejemplo, debido a una guerra civil, o cuando no quepa esperar razonablemente que el solicitante introduzca o conduzca un procedimiento en dicho Estado*; 2) Uno de los "vínculos suficientes" con el Estado miembro cuyos órganos jurisdiccionales van a conocer del asunto es, por ejemplo, *la nacionalidad de una de las partes* (= Cons. 19 del Reglamento 4/2009). Otro vínculo suficiente podría ser la presencia de bienes del demandado en el territorio de un Estado miembro; 3) El artículo 7 del Reglamento 4/2009 (= foro de necesidad) sólo es aplicable si ningún tribunal de ningún Estado miembro resulta competente para conocer del asunto en virtud de los artículos 3, 4, 5 y 6 del Reglamento 4/2009, lo que impide la utilización de este foro de necesidad de modo alternativo al foro subsidiario de la nacionalidad común de las partes (= artículo 6 del Reglamento 4/2009). El artículo 7 del Reglamento 4/2009 sólo debe aplicarse si ningún tribunal de ningún Estado miembro es competente con arreglo a los foros contenidos en los artículos 3, 4, 5 y también 6 del Reglamento 4/2009 (*Vid.* corrección de errores de este artículo 7 del Reglamento 4/2009 en DOUE L131 de 18 mayo 2011).

Competencia Judicial Internacional	– Se rige por el Reglamento 4/2009, que determina la competencia de los Estados miembros de la UE en materia de alimentos. – Sustituye a las disposiciones del Reglamento 44/2001.

<table>
<tr>
<td>Foros de Competencia</td>
<td>1. Foro de la Autonomía de la Voluntad:
– Acuerdos sumarios expresos y tácitos de elección de foro.
– Limitaciones en casos de menores de 18 años.
– Exigencia de acuerdo escrito, que puede ser electrónico.
2. Tribunales alternativos:
– Si no hay pacto, el demandante puede elegir entre:
a) El tribunal del lugar de residencia del demandado.
b) El tribunal del domicilio del acreedor.
c) El tribunal competente para las acciones relativas al estado de las personas.
d) El tribunal competente en materia de responsabilidad parental.
3. Competencia subsidiaria:
– Se aplica cuando ningún tribunal de la UE es competente; competencia del tribunal del Estado de nacionalidad común de las partes.
4. Forum Necessitatis:
– Permite a los tribunales de un Estado miembro conocer del litigio cuando no hay tribunal competente y es imposible acceder al tribunal del país vinculado al caso (por ejemplo, guerra civil).</td>
</tr>
</table>

Medidas provisionales y cautelares	– El artículo 14 permite a cualquier tribunal de la UE dictar medidas cautelares, independientemente del tribunal que conozca del fondo del asunto. – Los alimentos pueden modificarse en función de cambios en las circunstancias.

2. PARTICULARIDADES EN LA DETERMINACIÓN DE LA COMPETENCIA JUDICIAL INTERNACIONAL

El Reglamento 4/2009 regula ciertas particularidades que podrían considerarse como problemáticas, relacionadas con la determinación de la competencia judicial internacional conforme a los foros expuestos, como puede ser la verificación de la competencia y la admisibilidad, la conexidad o la litispendencia, regulándose, igualmente, la competencia judicial para el conocimiento de la solicitud de medidas cautelares.

Cabe señalar que, en la práctica, los supuestos son en ocasiones complejos, pudiendo plantearse situaciones en las que estén presentes varios de los fueros anteriormente expuestos, así como supuestos en los que se produce, por ejemplo, la acumulación de acciones, de tal manera que pueden darse ocasiones en las que, incluso, el tribunal declare su incompetencia para conocer alguna de estas acciones acumuladas, mientras que sí que es competente para conocer la acción por la que se reclama una pensión alimenticia[39].

Así las cosas, el órgano jurisdiccional de un Estado miembro al que se haya recurrido para un asunto respecto del cual no sea competente en virtud del Reglamento 4/2009 verificará su competencia, declarándose de oficio incompetente (= artículo 10 del Reglamento 4/2009).

Además, se regula la verificación de la admisibilidad por parte del órgano jurisdiccional, de tal manera

---

39 Véase, por ejemplo, como muestra de la complejidad que, en ocasiones, se presenta en la práctica, la Sentencia del TJUE, de 5-9-2019, en el as. C-468/18, R. En ella, se aborda un supuesto en el que se interpone, ante un órgano jurisdiccional de un Estado miembro, un recurso que comprende tres pretensiones relativas, respectivamente, al divorcio de los progenitores de un menor, a la responsabilidad parental respecto de ese menor y a la obligación de alimentos hacia este. El Tribunal precisa que el art. 3 a) y d) y el art. 5 del Reglamento 4/2009 del Consejo, deben interpretarse en el sentido de que el órgano jurisdiccional que resuelve sobre el divorcio, y que se ha declarado incompetente para pronunciarse sobre la pretensión relativa a la responsabilidad parental es, sin embargo, competente para resolver sobre la pretensión relativa a la obligación de alimentos respecto a dicho menor, cuando es también el órgano jurisdiccional del lugar de la residencia habitual del demandado, o el órgano jurisdiccional ante el que este ha comparecido, sin impugnar su competencia.

que, si un demandado con residencia habitual en el territorio de un Estado distinto del Estado miembro donde se ejercitó la acción no compareciera, el órgano jurisdiccional competente suspenderá el proceso hasta que se demuestre que al demandado se le notificó el escrito de interposición de la demanda o documento equivalente con antelación suficiente para que pudiera defenderse o que se tomaron todas las diligencias posibles a tal fin (= artículo 11 del Reglamento 4/2009).

En cuanto a la litispendencia, establece el Reglamento 4/2009 que, si se formulasen demandas con el mismo objeto y causa entre las mismas partes ante órganos jurisdiccionales de Estados miembros distintos, el órgano jurisdiccional ante el que se haya formulado la segunda demanda suspenderá de oficio el proceso hasta que se declare competente el órgano jurisdiccional ante el cual se interpuso la primera. Cuando el tribunal ante el cual se interpuso la primera demanda se declare competente, el tribunal ante el que se interpuso la segunda se inhibirá en favor de aquel (= artículo 12 del Reglamento 4/2009).

Cuando demandas conexas[40] estuvieran pendientes ante órganos jurisdiccionales de Estados miem-

---

40 Se considerarán conexas las demandas vinculadas entre sí por una relación tan estrecha que sería oportuno tramitarlas y juzgarlas al mismo tiempo a fin de evitar resolucio-

bros diferentes, el órgano jurisdiccional ante el que se haya presentado la demanda posterior podrá suspender el proceso. Cuando tales demandas conexas estuvieran pendientes en primera instancia, cualquiera de los órganos jurisdiccionales a los que se hayan presentado las demandas posteriores podrá de igual modo inhibirse, a instancia de una de las partes, a condición de que el órgano jurisdiccional ante el que se haya presentado la primera demanda fuere competente para conocer de las demandas de que se trate y de que su ley permita su acumulación (= artículo 13 del Reglamento 4/2009).

Por último, podrán solicitarse las medidas provisionales o cautelares previstas por la ley de un Estado miembro a los órganos jurisdiccionales de dicho Estado, incluso si, en virtud del Reglamento 4/2009, un órgano jurisdiccional de otro Estado miembro es competente para conocer sobre el fondo (= artículo 14 del Reglamento 4/2009).

Así las cosas, un claro ejemplo de este tipo de situación internacional viene representado por la STS 89/2021. Trata de un caso de divorcio internacional de una pareja francesa que residía en España. El tribunal analiza la aplicación de las normas de compe-

---

nes que podrían ser inconciliables si los asuntos fueren juzgados separadamente.

tencia y conflictos internacionales, culminando con la utilización del Derecho civil catalán para valorar la validez de la pensión compensatoria solicitada por uno de los ex-cónyuges. Este caso es emblemático de la complejidad del Derecho internacional privado español, caracterizado por la coexistencia de diferentes instrumentos jurídicos que regulan las cuestiones matrimoniales y sus consecuencias. El contexto fáctico revela un divorcio contencioso tras la disolución del matrimonio, en el que la ex esposa reclamaba la custodia de su hija menor de edad, una pensión alimenticia y una indemnización.

La discusión sobre la competencia judicial internacional es válida porque reafirma la competencia de los tribunales españoles en los casos de divorcio internacional, incluso cuando intervienen elementos de Derecho extranjero, y aclara cómo se interrelacionan las normas europeas en la determinación de la ley aplicable a las cuestiones matrimoniales y de alimentos.

En este caso concreto, el Tribunal Supremo dictaminó que la competencia para la disolución del vínculo matrimonial se basa en el Reglamento 2201/2003 de la UE, que establece criterios de competencia en materia matrimonial. La residencia habitual común de los ex cónyuges en España fue un factor decisivo para afirmar la competencia de los tribunales españoles. Además, el tribunal subrayó que aunque los cónyuges habían elegido la ley francesa para los asuntos económicos, esto no afectaba a la competencia de los tribunales españoles, dado que no había acuerdo sobre la jurisdicción. También se consideraron pertinentes las normas del Reglamento 4/2009 de la UE, que trata de las obligaciones de alimentos como ya mencionado.

Sobre la cuestión de la ley aplicable, el Tribunal Supremo declaró que la pensión compensatoria solicitada por la ex esposa no se limita únicamente al derecho de alimentos, sino que tiene por objeto compensar el nivel de vida durante el matrimonio. Así pues, esta cuestión se consideró en el ámbito del Reglamento UE 4/2009. La reclamación de alimentos se consideró accesoria a la demanda principal de divorcio, lo que permitió a los tribunales españoles ser competentes para pronunciarse sobre esta cuestión. Las decisiones relativas a la protección de la hija menor se basaron en el Código Civil español y en el Convenio de La Haya, que establece que la competencia debe atribuirse a los tribunales de la residencia habitual del menor.

La sentencia también subraya la importancia de delimitar claramente las normas aplicables en los casos de divorcio internacional, en los que las soluciones pueden fragmentarse en aspectos personales y patrimoniales. La decisión del Tribunal Supremo es crucial para comprender cómo interactúan los distintos instrumentos jurídicos y lo esencial que es aplicar correctamente las normas para garantizar la justicia en los litigios familiares internacionales.

IV. La determinación de la ley aplicable a la compensación económica por separación o divorcio entre cónyuges

El mencionado Reglamento 4/2009 no contiene normas de determinación de la ley aplicable, sino que hace una remisión al régimen jurídico establecido en el Protocolo sobre la ley aplicable a las obligaciones alimenticias, hecho en La Haya el 23 de noviembre de 2007[41] (en lo sucesivo, el Protocolo de La Haya de 2007[42]) (= artículo 15 del Reglamento 4/2009[43]). Así

---

41 Firmado y ratificado por la Unión Europea como consecuencia de la Decisión del Consejo de 30 de noviembre de 2009. *DOUE* L 93 de 7 de abril de 2011. Sobre el estado del Protocolo, *vid.* www.hcch.net.

42 *Vid.* F. Pocar / I. Viarengo, "Il Regolamento (CE) n.4/2009 in materia di obbligazioni alimentari", RDIPP, 2009, pp. 806-828.

43 Nos encontramos con una remisión en bloque, coincidiendo con Susin Carrasco en que con ello el legislador

pues, para determinar la ley aplicable a las obligaciones alimentarias en situaciones transfronterizas, recurrimos a las normas del Protocolo de La Haya de 23 de noviembre de 2007, que trata de la ley aplicable a estas obligaciones.

Protocolo de La Haya de 2007	El Protocolo tiene por objeto determinar la ley aplicable a las obligaciones de alimentos en las relaciones familiares, filiales, matrimoniales o de afinidad (art. 1.1). Su idea es unificar las normas de conflicto aplicables a la obligación alimenticia, preservando al mismo tiempo la relación familiar subyacente
Ámbito de aplicación	– Territorial: Aplicable en todos los Estados miembros de la UE excepto Dinamarca. – Temporal: En vigor desde el 18 de junio de 2011. – Personal: Eficacia universal (art. 2), aplicable con independencia de la nacionalidad.
Ley aplicable en materia de alimentos	El Protocolo incorpora normas conflictuales, reconociendo la autonomía de la voluntad de las partes para elegir la ley aplicable (art. 8).

---

comunitario puede llegar a "perder el control" sobre la regulación contenida en dicho Convenio internacional al fraguarse en otro organismo distinto La Conferencia de La Haya de Derecho Internacional Privado cuyos ritmos, objetivos e intereses pueden no coincidir con los propios de la UE. *Vid.* Susin Carrasco, E., *Ley Aplicable a la Obligación de Alimentos*, Ponencia realizada en fecha 16-03-2012.

Autonomía de la voluntad	– Las partes podrán elegir la ley aplicable, con las limitaciones siguientes: 1. No es absoluta, debe ser una de las opciones previstas (art. 8.1). 2. No se aplica a menores o incapacitados (Art. 8.3). 3. No debe dar lugar a injusticias (art. 8.5).
Ley aplicable en ausencia de elección	– Se rige por la ley del Estado en el que reside habitualmente el acreedor (art. 3.1). – Conflicto cambiante: el cambio de residencia modifica la ley aplicable. – Normas especiales para las obligaciones entre padres e hijos (art. 4) y entre cónyuges (art. 5).

Es importante señalar que dicha determinación de la ley aplicable en virtud del artículo 15 del Reglamento 4/2009 no se aplica a todos los Estados participantes. Sólo aquellos que estén expresamente vinculados por el Protocolo de La Haya determinarán la ley aplicable a las obligaciones alimenticias sobre la base de las disposiciones de dicho Protocolo. Los Estados que no están vinculados, como Dinamarca y el Reino Unido, utilizarán sus propias normas de Derecho internacional privado para definir las leyes aplicables a las obligaciones de alimentos en sus jurisdicciones.

Eso significa que todos los Estados miembros vinculados por el Protocolo aplicarán las mismas normas de conflicto de leyes para determinar la ley aplicable a las obligaciones alimentarias. Esto facilita la eliminación de los procedimientos de reconocimiento y ejecución de las resoluciones dictadas por otros Estados que siguen las mismas normas, promoviendo así una mayor agilidad en el cobro efectivo de las pensiones alimenticias.

El Protocolo de La Haya tiene carácter universal y se aplica incluso cuando la ley aplicable es la de un Estado no signatario, con independencia de otras circunstancias como la nacionalidad o residencia de las partes. Dado que el Protocolo y la normativa interna española en materia de obligación de alimentos tienen el mismo ámbito de aplicación material, la normativa interna resulta inaplicable en este contexto.

Según este instrumento, el artículo 5 estipula una «Norma especial relativa a los cónyuges y ex cónyuges», según la cual: *"Con respecto a las obligaciones alimenticias entre cónyuges, ex cónyuges o entre personas cuyo matrimonio haya sido anulado, el artículo 3 no se aplicará si una de las partes se opone y la ley de otro Estado, en particular la del Estado de su última residencia habitual común, presenta una vinculación más estrecha con el matrimonio. En tal caso, se aplicará la ley de este otro Estado"*.

Esta norma establece que, con respecto a las obligaciones de alimentos entre cónyuges o ex cónyuges, el artículo 3 no se aplica si una de las partes se opone y si la ley de otro Estado, especialmente la del último lugar de residencia común, tiene una mayor conexión con el matrimonio. En ese caso, se aplica la ley de ese otro Estado.

Esta norma tiene por objeto evitar que los cónyuges o ex cónyuges cambien su residencia habitual a un país con normas más favorables en materia de obligación de alimentos. La conexión de la situación matrimonial con otro Estado puede apreciarse no sólo por la ley de la última residencia común, sino también en el caso de cónyuges ya divorciados o separados legalmente. En este supuesto, puede considerarse que la ley aplicada al divorcio o a la separación es la que presenta vínculos más estrechos con la reclamación de alimentos y regirá esta obligación de conformidad con el artículo 5 antes mencionado.

Al Convenio de La Haya se han adherido actualmente los siguientes países: Brasil, Albania, Austria, Azerbaiyán, Bélgica, Belarús, Bosnia y Herzegovina, Botsuana, Bulgaria, Canadá (sólo las provincias de Columbia Británica, Manitoba y Ontario), Kazajstán, Chipre, Croacia, Ecuador, Eslovaquia, Eslovenia, España, Estados Unidos, Estonia, Filipinas, Finlandia, Francia, Georgia, Grecia, Guyana, Países Bajos, Honduras, Hungría, Irlanda, Italia, Letonia, Lituania, Luxemburgo, Macedonia del Norte, Malta, Montenegro, Nicaragua, Noruega, Nueva Zelanda, Polonia, Portugal, Kirguistán, Reino Unido, Rumanía, Serbia, Suecia, Turquía y Ucrania. Además de estos signatarios actuales, Cabo Verde y la República Dominicana se convertirán en signatarios en enero y marzo de 2025, respectivamente.

Es posible decir que dicho Protocolo de La Haya tiene tres ámbitos de aplicación: material, personal y espacial. El ámbito de aplicación material es la legislación aplicable a las obligaciones alimenticias derivadas de relaciones familiares, filiación, matrimonio o afinidad. El reconocimiento de la obligación de alimentos no implica necesariamente el reconocimiento de la situación familiar. El término «alimentos» se entiende en sentido amplio, abarcando: 1) los alimentos en todas sus formas; y 2) los alimentos compensatorios derivados del divorcio o separación. En cuanto a los obligados, se incluyen: 1) todos los hijos, incluidos los mayores de edad y los adoptivos; 2) otras figuras no reconocidas en el Derecho español, como los «Children of the family» del Derecho inglés o los «pflegerkinder» del Derecho alemán; 3) también se incluyen los alimentos reclamados por ex parejas en uniones estables, ya que estas uniones se consideran una forma de «relación familiar», aunque esta cuestión es controvertida.

En cuanto a su aplicación personal, el Protocolo es erga omnes, es decir, la ley estatal que regula los alimentos se determina de acuerdo con las normas contenidas en este Protocolo, con independencia de la residencia habitual y nacionalidad de las partes implicadas o de cualquier otra circunstancia, incluida la posibilidad de que la ley aplicable no sea la de un Estado participante en este Protocolo (artículo 2 del Protocolo de La Haya). Por tanto, siempre que los tribunales españoles sean competentes para conocer de una reclamación de alimentos, aplicarán exclusivamente este Protocolo, que sustituye a los Convenios de La Haya de 1973 y 1956 que regulaban esta materia. Además, el artículo 9.7 del Código Civil resulta inaplicable en este contexto, ya que ambos abarcan el mismo ámbito material, restringiéndose el precepto a los supuestos de «derecho interregional» (artículo 15 del PH2007).

Por último, el ámbito de aplicación espacial define que el Protocolo de La Haya es aplicado por las autoridades de los Estados miembros que lo han ratificado. Como ya se ha mencionado, su aplicación es provisional por las autoridades de los Estados miembros de la UE específicamente mencionados en la Decisión del Consejo de 30 de noviembre de 2009 relativa a la adhesión de la Comunidad Europea al Protocolo de La Haya de 2007. Están incluidos todos los Estados miembros, excepto el Reino Unido y Dinamarca.

En secuencia, cuando se trata de cuestiones relacionadas con la alimentación en contextos internacionales, hay varios requerimientos que pueden hacerse para garantizar el apoyo necesario[44]. Dichas solicitudes son esenciales para garantizar que las obligaciones de alimentos se cumplan de forma justa y adecuada, independientemente de las fronteras nacionales.

En primer lugar, es posible solicitar que se dicte una resolución en materia de alimentos en un país en el que aún no se haya dictado una resolución previa. En este caso, si es necesario, la determinación de la filiación puede incluirse en la misma solicitud, facilitando así el proceso de reconocimiento de las responsabilidades en materia de alimentos.

También es posible solicitar el reconocimiento o, en algunos casos, el reconocimiento y la ejecución de una resolución en materia de alimentos dictada en otro país. Esto significa que una decisión que ya existe en un país puede validarse y ejecutarse en otro, garantizando el respeto de los derechos del acreedor.

---

44 *Vid.* RED IBEROAMERICANA DE COOPERACIÓN JURÍDICA. Gobierno de Espanha. **Manual prático para os responsáveis pelos pedidos de prestação internacional de alimentos**. 2023. Disponible en: https://www.gov.br/mj/pt-br/assuntos/sua-protecao/cooperacao-internacional/cooperacao-juridica-internacional-em-materia-civil/acordos-internacionais/manual-iberred-alimentos.pdf.

Por último, también es posible solicitar la modificación de una resolución en materia de alimentos dictada en otro país. Esta solicitud puede ser presentada tanto por el acreedor como por el deudor y tiene por objeto adaptar las condiciones establecidas anteriormente a las nuevas circunstancias que hayan podido surgir.

Cuando se trata de solicitar alimentos debidos a cónyuges, ex cónyuges u otros miembros de la familia, es importante saber a quién deben dirigirse estas solicitudes. En este caso, el solicitante debe presentar la solicitud a la autoridad central del país en el que reside. Esto es especialmente pertinente cuando la solicitud de alimentos para adultos se presenta junto con una solicitud de alimentos para niños.

Alternativamente, el solicitante también puede optar por presentar la solicitud directamente a las autoridades judiciales o administrativas competentes del país donde reside el deudor. Esta flexibilidad permite a la persona elegir la mejor manera de hacer valer sus derechos, en función de la situación y las circunstancias específicas de que se trate.

Estas autoridades desempeñan un papel crucial en la mediación y resolución de conflictos relacionados con las obligaciones de alimentos, garantizando que las necesidades de todos los implicados se satisfagan de manera justa y adecuada.

Este texto normativo, que tiene alcance universal (= artículo 2 del Protocolo de La Haya de 2007), desplaza tanto las soluciones contenidas en otros Convenios de La Haya (p. ej., el Convenio de La Haya de 1973), como las legislaciones nacionales, incluso en el caso de que sea la de un Estado no contratante, por lo que desplaza la aplicación del artículo 9.7 de nuestro Código Civil.

Artículo 9.7 CC. De norma de conflicto materialmente orientada a norma de incorporación por referencia. El artículo 9.7 CC fue redactado en 1974. El precepto era una norma materialmente orientada que precisaba la Ley aplicable a los alimentos en virtud de su contenido material. Los puntos de conexión que recogía el precepto eran: 1) Ley nacional común o de la vecindad civil común, del alimentista y del alimentante; 2) Si dicha Ley no permite al acreedor obtener alimentos, se aplicará la ley de la residencia habitual de dicho acreedor de alimentos; 3) En defecto de ambas leyes anteriores, o cuando ninguna de ellas permita la obtención de alimentos, se aplicará la ley interna de la autoridad que conoce de la reclamación. Establece el artículo 9.7 CC que en caso de cambio de la nacionalidad común o de la residencia habitual del alimentista, la nueva ley se aplicará a partir del momento del cambio.

El texto de 1974 fue derogado y sustituido por el siguiente en virtud de la Ley 26/2015, de 28 de julio, de modificación del sistema de protección a la infancia y a la adolescencia: "La ley aplicable a las obligaciones de alimentos entre parientes se determinará de acuerdo con el Protocolo de La Haya, de 23 de noviembre de 2007, sobre la ley aplicable a las obligaciones alimenticias o texto legal que lo sustituya".

Esta norma, en relación con los conflictos de leyes interregionales, es una norma que incorpora al Derecho interregional español, por referencia, el texto del citado Protocolo de La Haya, de 23 de noviembre de 2007, sobre la ley aplicable a las obligaciones alimenticias o texto legal que lo sustituya. Ello significa que las normas de conflicto contenidas en dicho Protocolo determinan la Ley reguladora de los alimentos entre parientes se aplican en los casos de Derecho interregional. Las normas del Protocolo citado se aplican en estos supuestos no como normas contenidas en un convenio internacional, sino como normas españolas que han "copiado", por referencia, el texto de las normas del Protocolo. Por tanto, cuando el Protocolo se aplica a supuestos de Derecho interregional, los tribunales están aplicando normas de conflicto españolas con lo que ello significa desde el punto de vista sistemático, interpretativo y valorativo.

La regla general es la aplicación de la ley del lugar de residencia habitual del acreedor de la pensión compensatoria. En caso de cambio de residencia, se aplicará la ley del nuevo país de residencia desde el momento en que se produce dicho cambio (= artículo 3 del Protocolo de La Haya de 2007). Partiendo de esta regla general, se establece una norma especial relativa a los cónyuges y ex cónyuges (= artículo 5 del Protocolo de La Haya de 2007) que determina que no se aplicará la ley de residencia del acreedor si la otra parte se opone y el supuesto presenta una vinculación más estrecha con la ley de otro Estado, en particular el de la última residencia habitual común, en cuyo caso se aplicará esta última. Además, el Protocolo de La Haya de 2007 permite el juego de la autonomía de la voluntad, aunque limitado (= artículos 7 y 8 del Protocolo de La Haya de 2007). Sólo se puede elegir dentro de un elenco limitado de leyes, y queda excluida la posibilidad de elección cuando el acreedor es menor de 18 años o un adulto incapaz.

La Ley de la residencia habitual del acreedor de alimentos. Varias consideraciones son necesarias: 1) Se trata de la Ley del país donde se halla el "centro social de vida" del acreedor de alimentos. Es una Ley cuyo contenido es fácilmente accesible para el acreedor de alimentos y con arreglo la cual es muy posible que esté ya habituado a operar. Por tanto, este punto de conexión refuerza la protección jurídica del acreedor de alimentos al reducir sus costes conflictuales: SAP Barcelona 8 abril 2014 (= divorcio entre cónyuges marroquíes con residencia en Cataluña), SAP Barcelona 9 abril 2014 (= padre de nacionalidad española y madre de nacionalidad india y menores residentes en Cataluña), SAP Barcelona 1 julio 2008 (JUR 2008\316064), AAP Barcelona 23 mayo 2006 (JUR 2006\272347); SAP Barcelona 29 abril 2014 (JUR 2014\134864). Es un punto de conexión cuya precisión por parte del juez resulta muy sencilla: el juez debe realizar, exclusivamente, "comprobaciones de hecho" para acreditar cuál es el país de residencia habitual del acreedor de alimentos; 3) La residencia habitual del acreedor de alimentos es el lugar donde se manifiestan las necesidades de dicho sujeto y al que será necesario referirse para establecer la existencia de la obligación de alimentos y, sobre todo, la medida y extensión en la que tales alimentos deben concederse o denegarse; 4) Será frecuente que el acreedor litigue ante los tribunales del país de su residencia habitual (art. 3. b) del Reglamento 4/2009). Por ello, este primer punto de conexión evita la aplicación y la prueba de Derechos extranjeros, y potencia la aplicación de la *Lex Fori.* Los procesos por alimentos serán, así, más veloces (*venter non patitur dilationem*); 5) En caso de cambio de la residencia habitual del acreedor de un Estado a otro Estado, se aplicará la ley del Estado de la nueva residencia habitual desde el momento en que se produce el cambio, de modo que el PLH 2007 impide que en este cambio se pueda apreciar un *Forum Shopping* fraudulento (artículo 3.2 PLH 2007); 5) En los casos internacionales e interregionales, cuando el Reglamento 4/2009 – Protocolo de La Haya conduce a aplicar el Derecho español, puede aplicarse la ley correspondiente al territorio donde el acreedor tiene su residencia habitual; SAP Barcelona 12 junio 2013 (= divorcio entre española y peruano).

La aplicación de la ley determinada conforme al Protocolo solo podrá rechazarse en la medida en que sus efectos fueran manifiestamente contrarios al orden público del foro (= artículo 13 del Protocolo de La Haya de 2007)[45].

---

[45] De esta forma, cualquiera que sea la ley aplicable a la obligación alimenticia, el artículo 13 del Protocolo de La Haya abre la posibilidad de eludirla cuando sea manifiestamente incompatible con el orden público del foro. El orden público no puede operar en ningún caso frente a una ley que no reconozca el derecho de alimentos conforme a la solución general, dado que esta contingencia se resolvería, en su caso, en virtud de la aplicación subsidiaria de las conexiones previstas en el artículo 4.
Aplicando el Convenio de La Haya de 1973, la Sentencia de la Audiencia Provincial de Barcelona (sección 18ª) de 18 de julio de 2002 recurre al criterio de "orden público" para justificar la imposibilidad de privar al hijo de alimentos por falta de acreditación de la ley aplicable, correspondiente a la residencia del acreedor. En realidad, en estos casos de falta de prueba de la ley aplicable, las disposiciones del Convenio habilitan el recurso en cascada

Régimen jurídico de la elección de la Ley aplicable a la obligación de alimentos. Deben tenerse en cuenta las siguientes reglas (= artículo 8 PLH 2007: a) La elección de la Ley reguladora de los alimentos puede llevarse a cabo en cualquier momento, incluso durante el proceso; b) Sólo pueden elegirse como Ley aplicable a una obligación alimenticia una de estas Leyes: 1) Ley de un Estado del cual alguna de las partes tenga la nacionalidad en el momento de la designación; 2) Ley del Estado de la residencia habitual de una de las partes en el momento de la designación; 3) Ley elegida por las partes para regir sus relaciones patrimoniales o la ley efectivamente aplicada a tales relaciones; 4) Ley elegida por las partes para regir su divorcio, separación de cuerpos o la ley efectivamente aplicada a tal divorcio o separación; c) El acuerdo de elección de la Ley aplicable debe constar por escrito o ser registrado en cualquier soporte cuyo contenido sea accesible para su ulterior consulta, y deberá ser firmado por ambas partes; d) No cabe efectuar elección de la Ley aplicable en relación con las obligaciones alimenticias a favor de una persona menor de 18 años o a un adulto que, por razón de una disminución o insuficiencia de sus facultades personales, no se encuentra en condiciones de

---

hasta la *lex fori*. A una solución similar puede abocar las reglas de aplicación del Protocolo de La Haya.

proteger sus intereses; e) No obstante la Ley designada por las partes en virtud del artículo 8.1 PLH 2007, la ley del Estado de residencia habitual del acreedor, en el momento de la designación, determinará si el acreedor puede renunciar a su derecho a alimentos; f) A menos que en el momento de la designación las partes fueran debidamente informadas y conscientes de las consecuencias de la ley designada, esta no se aplicará cuando conlleve consecuencias manifiestamente injustas o no razonables para cualquiera de las partes. La elección de Ley aplicable a los alimentos reduce los costes conflictuales ya que puede elegirse una Ley que las partes conocen previamente y con la que están habituados a comportarse y/o litigar. Favorece igualmente, la seguridad jurídica y la previsibilidad de soluciones conflictuales.

El Protocolo de La Haya de 2007 establece, además, en aras de ajustar la cuantía de la pensión compensatoria a los diferentes niveles de vida de los Estados miembros en que vive cada una de las partes, que en la determinación de la ley aplicable conforme a las reglas establecidas en el Protocolo, siempre deberán tenerse en cuenta las necesidades del acreedor y los recursos del deudor, así como cualquier compensación concedida al acreedor en lugar de un pago periódico de alimentos, incluso cuando aquella ley no lo previese (= artículo 14 del Protocolo de La Haya de 2007).

Jurisprudencia en favor de la aplicación de la Ley de la residencia habitual del acreedor de alimentos. Es abundante la jurisprudencia española que aplica este punto de conexión: SAP Barcelona 29 julio 2015 (JUR 2015\295508) (= divorcio entre cónyuges alemanes celebrado en Colombia), SAP Barcelona 2 febrero 2015 (JR 2015\374162) (= hija con residencia en Perú), A falta de elección por las partes, el Protocolo prevé una solución de carácter general, en virtud de la cual las obligaciones alimenticias se regirán por la Ley del Estado en que el acreedor tenga su residencia habitual, salvo que el Protocolo disponga otra cosa (art. 3.1). Junto a esta regla general, el legislador ha previsto en el párrafo 2° del artículo 3 el denominado conflicto móvil. De este modo, en caso de cambio en la residencia habitual del acreedor de los alimentos se aplicará la ley del Estado de la nueva residencia habitual a partir del momento en que se haya realizado dicho cambio.

La SAP de Toledo de 8 de febrero de 2012 (Tol 2452643), por el contrario, declaró no haber lugar a la extinción de la pensión pese a constar acreditada la convivencia *more uxorio* de la esposa con otra persona, debido a lo pactado en el convenio regulador. Y lo mismo sucede con la SAP de Zaragoza 15 de junio de 2010 (Tol 1979819), que entendió que la existencia de dos domicilios diferentes de la pareja no era causa determinante para apreciar la inexistencia de relación afectiva susceptible de extinguir la pensión compensatoria de la esposa.

Con respecto a un Estado en el que se apliquen, en unidades territoriales diferentes, dos o más sistemas jurídicos o conjuntos de normas, relativos a las materias reguladas por el propio Protocolo de La Haya de 2007, se aplican las siguientes normas: a) si en dicho Estado existen normas en vigor que determinen como aplicable a la ley de una unidad territorial, se aplicará la ley de dicha unidad; b) en ausencia de tales normas, se aplicará la ley de la unidad territorial determinada (= artículo 16 del Protocolo de La Haya de 2007).

Elección de la Ley aplicable a la obligación de alimentos a los efectos de un procedimiento específico. El artículo 7 PLH 2007 precisa que el acreedor y el deudor de alimentos podrán, únicamente a los efectos de un procedimiento específico en un determinado Estado, designar expresamente la ley de dicho Estado como aplicable a una obligación alimenticia. La designación hecha antes de la iniciación del procedimiento deberá ser objeto de un acuerdo, firmado por ambas partes, por escrito o registrado en cualquier soporte cuyo contenido sea accesible para su ulterior consulta. Se trata de una disposición que favorece los acuerdos de elección de ley limitados a procedimientos específicos ya comenzados o a punto de comenzar y que solo puede emplearse para designar como aplicable la *Lex Materialis Fori* a la obligación de alimentos. Su origen es francés: *l'accord procédural* que en Derecho internacional privado francés permite a las partes designar como ley aplicable a un caso internacional inicialmente regido por un Derecho extranjero, la Ley francesa (= *Lex Fori*).

V. Reconocimiento, fuerza ejecutiva y ejecución de las resoluciones en materia de compensación económica por separación o divorcio entre cónyuges

Numerosos instrumentos internacionales se ocupan de facilitar la eficacia extraterritorial de decisiones en esta materia[46]. Aunque esta "superproducción

---

46 Los siguientes instrumentos internacionales permiten el reconocimiento y ejecución, en España, de resoluciones extranjeras en materia de alimentos: 1°) el Reglamento 4/2009; 2°) el Convenio de Bruselas de 27 septiembre 1968, en su hoy muy reducido ámbito de aplicación espacial; 3°) el Convenio de Lugano II de 30 octubre 2007, aplicable a las decisiones en materia de alimentos procedentes de Estados partes en este Convenio pero que no son Estados miembros del Reglamento 4/2009; 4°) el Convenio de La Haya de 15 abril 1958 sobre reconocimiento y ejecución de decisiones en cuestión de obligaciones alimenticias con los menores; 5°) el Convenio de La Haya de 2 octubre 1973 sobre reconocimiento y ejecución de resoluciones relativas

de instrumentos internacionales" responde a la idea de favorecer al demandante de *exequátur*, que es, normalmente el acreedor de la pensión compensatoria[47],

---

a las obligaciones alimenticias; y 6º) distintos Convenios bilaterales firmados por España, que suelen cubrir la eficacia extraterritorial de resoluciones extranjeras dictadas en materia de alimentos.

47 Un apunte se ha de hacer con respecto a la problemática que, en ocasiones, se plantea a la hora de entablar una acción de modificación de medidas, como consecuencia de la exigencia de previo reconocimiento de la resolución que fija las medidas objeto de la solicitud de modificación, como requisito para la admisión de la demanda de modificación de medidas. En este sentido, cabe señalar que en el marco de la aplicación del *ex* Reglamento "Bruselas I", la jurisprudencia ha exigido en ocasiones, como requisito previo para admitir una demanda de modificación de medidas sobre pensión de alimentos dictadas en un procedimiento de divorcio, el previo reconocimiento, siquiera incidental o automático, de la decisión de divorcio extranjera y no solo el reconocimiento parcial de la decisión sobre alimentos. Semejante exigencia es excesiva, cuando menos por lo que se refiere al reconocimiento automático de la sentencia de divorcio, habida cuenta de la posibilidad abierta tanto en el Reglamento "Bruselas I" como en "Bruselas II" del reconocimiento parcial de una resolución sobre la obligación alimenticia, descartando asimismo el control de la ley aplicable a la relación familiar causal. Desde un punto de vista práctico, y dado el objeto del proceso, parte de la doctrina y de la jurispru-

lo cierto es que, la abundancia de instrumentos internacionales en esta materia provoca la necesidad de fijar el concreto "instrumento internacional aplicable" al caso concreto[48].

Teniendo en cuenta las dimensiones del presente trabajo, que impide un estudio pormenorizado de todos los instrumentos relativos a la eficacia extraterritorial de las resoluciones, se considera oportuno centrarnos en el estudio del instrumento normativo que, en España, resulta "fundamental" en materia de pensión compensatoria entre cónyuges: el Reglamento 4/2009. Se deben destacar cuatro datos:

1º) Las resoluciones en materia de obligaciones de alimentos dictadas por un Estado miembro deben ser reconocidas en otros Estados miem-

---

dencia han defendido incluso una solución más flexible, consistente en admitir como presupuesto de la demanda de modificación de alimentos la acreditación de la decisión extranjera como un hecho, sin necesidad de proceder al reconocimiento ni de la decisión de divorcio ni del pronunciamiento sobre alimentos.

48 Resulta interesante al respecto el trabajo de Carrillo Pozo, L., "Eficacia en España de las Resoluciones Extranjeras en Materia de Efectos Económicos del Matrimonio", en *Cuadernos de Derecho Transnacional*, Vol. 4, Nº 1 (2012). Disponible en: https://e-revistas.uc3m.es/index.php/CDT/article/view/1465/605.

bros sin que sea necesario procedimiento especial alguno.

2º) Si la resolución sea dictada por un Estado miembro vinculado por el Protocolo de la Haya de 2007, como regla general, no podrá impugnarse su reconocimiento. Si es ejecutoria en el Estado miembro que la ha adoptado, disfrutará de la fuerza ejecutiva en otro Estado miembro sin necesidad de una declaración. No obstante, en ciertos casos, existe la posibilidad de solicitar el reexamen de la resolución, así como el rechazo o la suspensión de su ejecución. En aquellos casos en los que la resolución es dictada por un Estado miembro no vinculado por el Protocolo de La Haya de 2007, su reconocimiento podrá revocarse en ciertos casos. Podrá ejecutarse en otro Estado miembro —si es ejecutoria en el Estado miembro que la ha dictado— siempre que obtenga del Estado miembro de ejecución una declaración que constate la fuerza ejecutiva.

3º) No podrá revisarse el fondo de la resolución dictada en un Estado miembro en el Estado miembro en el que se solicite el reconocimiento, la fuerza ejecutiva o la ejecución.

4º) Las partes de un litigio se podrán beneficiar de un acceso efectivo a la justicia en otro Estado miembro, incluido en el marco de los procedimientos de ejecución y de los recursos. En particular, los Estados miembros facilitarán, según determinadas condiciones, asistencia jurídica.

El Reglamento 4/2009 establece un doble mecanismo de reconocimiento y ejecución de las resoluciones en esta materia en función de que el Estado miembro de origen esté o no vinculado por el Protocolo de La Haya de 2007. Si está vinculado por dicho Protocolo, las resoluciones se reconocerán y ejecutarán directamente, sin necesidad de procedimiento alguno (= artículo 17.1 del Reglamento 4/2009).

En cambio, si el Estado de origen no es parte del Protocolo de La Haya de 2007 (= Reino Unido y Dinamarca), la resolución se someterá a un régimen de reconocimiento y ejecución. En este caso, se podrá denegar el reconocimiento si se dan ciertas condiciones (= artículo 24 del Reglamento 4/2009).

Disposiciones comunes a todas las resoluciones extranjeras en materia de alimentos. Las disposiciones comunes a todas las resoluciones extranjeras en materia de alimentos comprenden diversas cuestiones. 1) *Fuerza ejecutiva provisional.* El órgano jurisdiccional de origen podrá otorgar fuerza ejecutiva provisional a la resolución, no obstante, la interposición de un eventual recurso, aunque el Derecho nacional no prevea la fuerza ejecutiva por ministerio de la ley (= artículo

39 del Reglamento 4/2009). 2) *Invocación de una resolución reconocida.* La parte que desee invocar en otro Estado miembro una resolución reconocida deberá presentar una copia de la resolución que reúna las condiciones necesarias para establecer su autenticidad. Si ha lugar, el órgano jurisdiccional ante el que se invoque la resolución reconocida podrá pedir a la parte que desea invocarla que presente un extracto expedido por el órgano jurisdiccional de origen utilizando el formulario cuyo modelo figura, según el caso, en el anexo I o en el anexo II del Reglamento 4/2009.

El órgano jurisdiccional de origen expedirá este extracto igualmente a instancia de cualquier parte interesada (= artículo 40 del Reglamento 4/2009). 3) *Procedimiento y condiciones de ejecución y condiciones de la ejecución.* En general, el procedimiento de ejecución de las resoluciones dictadas en otro Estado miembro se regirá por el Derecho del Estado miembro de ejecución (= artículo 41 del Reglamento 4/2009). Las resoluciones dictadas en un Estado miembro que tengan fuerza ejecutiva en el Estado miembro de ejecución serán ejecutadas en este en las mismas condiciones que si se hubieran dictado en dicho Estado miembro de ejecución. 4) *Imposibilidad de revisión en cuanto al fondo.* Las resoluciones dictadas en un Estado miembro no podrán en ningún caso ser objeto de revisión en cuanto al fondo en el Estado miembro en que se solicite el reconocimiento, la fuerza ejecutiva o la ejecución (= artículo 42 del Reglamento 4/2009).

A continuación, se profundizará en cada uno de estos supuestos:

A) Resoluciones dictadas en un Estado miembro vinculado por el Protocolo de La Haya de 2007

Estas resoluciones serán reconocidas en los demás Estados miembros sin que sea necesario recurrir a proceso alguno y sin posibilidad alguna de impugnar su reconocimiento. Surten un reconocimiento de pleno derecho o, con otras palabras, no necesitan reconocimiento en los demás Estados miembros. Estas resoluciones se tratan como si fueran resoluciones "nacionales" (= artículo 41.1 del Reglamento 4/2009)[49]. Vinculan a las autoridades de todos los Es-

---

49 El objetivo de esta norma, de forma coherente con todas las disposiciones del Reglamento 4/2009, es el de lograr la máxima efectividad del derecho del acreedor de una prestación alimenticia, como se puede comprobar, por ejemplo, en base a lo dispuesto por la STJUE de 9-2-2017, en el as. C-283/16, S., precisa que las disposiciones del capítulo IV del Reglamento, y en particular su art. 41.1, deben interpretarse en el sentido de que un acreedor de alimentos, que ha obtenido una resolución en su favor en un Estado miembro y que desea ejecutarla en otro Estado miembro, puede presentar su solicitud directamente a la autoridad competente, como un tribunal especializado,

tados miembros y extienden su efecto de cosa juzgada a todos los Estados miembros (= artículo 17.1 del Reglamento 4/2009).

Estas resoluciones, siempre que presenten carácter ejecutivo en el Estado miembro de origen, gozarán de fuerza ejecutiva en los demás Estados miembros sin necesidad de otorgamiento de la ejecución. Es decir, no necesitan *exequátur* para poder ser ejecutadas en los demás Estados miembros. Pasan directamente a ejecución mediante solicitud de la parte interesada como si hubieran sido dictadas por una autoridad del Estado miembro requerido (= artículo 17.2 del Reglamento 4/2009). No obstante, sin perjuicio de esta regla general, existen supuestos en los que puede denegarse la "ejecución" de estas resoluciones, en base

---

de este último Estado miembro, y no puede estar obligado a presentar su solicitud a tal autoridad a través de la autoridad central del Estado miembro de ejecución. Los Estados miembros han de garantizar la plena eficacia del derecho previsto en el art. 41.1 del Reglamento 4/2009, modificando eventualmente sus normas procedimentales. En cualquier caso, incumbe al juez nacional aplicar el mencionado art. 41.1, dejando inaplicadas en caso de necesidad las disposiciones contrarias del Derecho nacional, y, por consiguiente, permitir a un acreedor de alimentos presentar su solicitud directamente ante la autoridad competente del Estado miembro de ejecución, incluso si el Derecho nacional no lo prevé.

a los siguientes motivos de denegación o suspensión de la ejecución:

a) Prescripción del derecho ya sea en virtud del Derecho del Estado miembro de origen o en virtud del Derecho del Estado miembro de ejecución, si éste estableciera un plazo de prescripción más largo (= artículo 21.2 del Reglamento 4/2009).

b) Incompatibilidad de la resolución dictada por el órgano jurisdiccional de origen con una resolución dictada en el Estado miembro de ejecución o con una resolución dictada en otro Estado miembro o en otro Estado tercero que reúna las condiciones necesarias para ser reconocida en el Estado miembro de ejecución (= artículo 21.2 del Reglamento 4/2009).

c) Es causa de mera suspensión de la ejecución la solicitud de reexamen de la resolución dictada por un órgano del Estado miembro de origen, interpuesta con arreglo al artículo 19 del Reglamento 4/2009, siempre que se solicite dicha suspensión por el deudor. La autoridad competente del Estado miembro de ejecución "podrá", en dicho supuesto, suspender total o parcialmente la ejecución de la resolución del órgano jurisdiccional de origen (= artículo 21.3 del Reglamento 4/2009).

d) Es causa imperativa de suspensión de la ejecución de la resolución del órgano jurisdiccional de origen, en caso de que se suspenda su fuerza ejecutiva en el Estado miembro de origen, pero siempre que ello haya sido solicitado por el deudor (= artículo 21.3 del Reglamento 4/2009).

e) Todos los motivos de denegación o suspensión de la ejecución previstos por el Derecho del Estado miembro de ejecución, pero exclusivamente en la medida en que no sean incompatibles con los anteriores motivos recogidos en el artículo 21.2 y 3 del Reglamento 4/2009.

Particularidades del Convenio de La Haya de 2 octubre 1973 sobre reconocimiento y ejecución de resoluciones relativas a las obligaciones alimenticias. Varios extremos deben diferenciarse.

1) *Ámbito de aplicación.* El Convenio se aplica a las resoluciones en materia de obligaciones alimentarias dimanantes de relaciones de familia, de parentesco de matrimonio o de afinidad incluidas las obligaciones alimentarias respecto de un hijo no legítimo, dictadas por las autoridades judiciales o administrativas de un Estado contratante entre un acreedor y un deudor de alimentos, o un deudor de alimentos y una Instrucción pública que persiga el re-

embolso de la prestación facilitada a un acreedor de alimentos SAP Murcia 16 enero 2008 (JUR 2008\218280).

2) *Condiciones del reconocimiento y de la ejecución de las resoluciones.* Son las siguientes: a) Se controla la competencia del tribunal de origen (= artículos 7 y 8) (Sent. OGH 13 febrero 2007 (denegación de *exequátur* de sentencia dictada en Hungría)); b) La resolución debe ser *firme*, no susceptible de recurso ordinario en el Estado de origen, salvo que se trate de resoluciones ejecutorias provisionales y las medidas provisionales; c) puede denegarse el reconocimiento o exequátur (= artículo 5) si éstos resultan manifiestamente incompatibles con el orden público del Estado requerido, si la resolución resultase de un fraude en el procedimiento, si está pendiente un litigio entre las mismas partes y que tenga el mismo objeto ante una autoridad del Estado requerido, primera en conocer en dichos litigios, si la resolución es incompatible con una resolución dictada entre las mismas partes y sobre el mismo objeto, bien en el Estado requerido o bien en otro Estado cuando, en este último caso, tal resolución sea susceptible de reconocimiento y ejecución en el Estado requerido (Sent. Frostating Lagmannsrett (Noruega) 4 mayo 2007 (denegación del reconocimiento en Noruega de

una sentencia alemanda de alimentos)) y si no se han respetado los derechos de defensa (= artículo 6) (Sent. Corte Cass. Italia 18 mayo 2006 (= efectos en Italia de sentencia polaca sobre alimentos)).

3) *Procedimiento de reconocimiento y de ejecución de las resoluciones.* Se rige por la Ley del Estado requerido, a menos que el Convenio disponga lo contrario (= artículo 13). Cabe el reconocimiento o la ejecución parcial de una resolución. Los documentos a presentar son los relacionados en el artículo 17.

B) Resoluciones dictadas por un Estado miembro no vinculado por el Protocolo de La Haya de 2007

Las resoluciones dictadas en un Estado miembro no vinculado por el Protocolo de La Haya de 2007 serán reconocidas en los demás Estados miembros sin que sea necesario recurrir a procedimiento alguno (= artículo 23 del Reglamento 4/2009). No obstante, en casos de duda, cualquier parte interesada que invoque el reconocimiento de una resolución a título principal podrá solicitar que se reconozca la resolución con carácter *erga omnes* (= reconocimiento por homologación). Si el reconocimiento se invoca como cuestión incidental ante un órgano jurisdiccional de un Estado miembro, dicho órgano jurisdiccional será competente para conocer del asunto.

Por su parte, se denegará imperativamente el reconocimiento de una resolución en los siguientes supuestos:

a) Si el reconocimiento es manifiestamente contrario al orden público del Estado miembro en el que se solicita el mismo. El criterio del orden público no podrá aplicarse a las reglas relativas a la competencia judicial.

b) Por lo que respecta a las resoluciones dictadas en ausencia del demandado, si el escrito de interposición de la demanda o documento equivalente no se notificó al demandado con antelación suficiente y de manera tal que pudiera organizar su defensa, a menos que el demandado, habiendo podido recurrir la resolución, hubiera optado por no hacerlo;

c) Si la resolución es incompatible con otra dictada en el Estado miembro en el que se solicita el reconocimiento;

d) Si la resolución fuere inconciliable con una resolución dictada con anterioridad en otro Estado miembro o en un Estado tercero entre las mismas partes en un litigio que tuviere el mismo objeto y la misma causa, cuando esta última resolución reuniere las condiciones necesarias para su reconocimiento en el Estado miembro en el que se solicita el mismo. Una decisión que tenga por efecto modificar, debido a un cambio de circunstancias, una decisión anterior relativa a alimentos no se considerará como una decisión incompatible según lo establecido en el artículo 24 letras c y del Reglamento 4/2009).

Para su ejecución material, estas resoluciones precisan la obtención de un *exequátur* en el Estado requerido, que se solicitará, en todo caso, por cualquier parte interesada (= artículo 26 del Reglamento 4/2009). A continuación, se presenta una descripción concisa del procedimiento del *exequátur.*

Una vez obtenido, en su caso, el *exequátur,* la resolución extranjera se ejecutará en los mismos términos que se ejecutan las resoluciones nacionales en el Estado requerido (= artículo 41.1 del Reglamento 4/2009).

El Capítulo VI del Reglamento 4/2009 establece que las transacciones judiciales y los documentos públicos que tengan fuerza ejecutiva en el Estado miembro de origen serán reconocidos en los demás Estados miembros y tendrán en ellos la misma fuerza ejecutiva que las resoluciones, de conformidad con el Capítulo IV del Reglamento 4/2009.

Finalmente, es de reseñar que, en el ámbito del reconocimiento y ejecución de decisiones extranjeras, el Reglamento 4/2009 reemplaza en las relaciones entre los Estados miembros a los convenios internacionales en vigor que, no obstante, mantienen su vigencia y resultarán de aplicación frente a terceros Estados.

VI. *Desafíos y perspectivas futuras en el ámbito de la compensación económica por separación o divorcio*

La obligación de alimentos se refiere al deber legal que tiene una persona, denominada deudor, de satisfacer las necesidades básicas de otra, denominada acreedor. Este deber puede surgir de diversas maneras, pero este documento se centrará principalmente en las deudas derivadas de una relación matrimonial. En los últimos años, las obligaciones de alimentos han cobrado importancia en la escena internacional, especialmente como consecuencia del aumento de divorcios en los que intervienen distintos países. Debido a la diversidad de legislaciones y a los conflictos que pueden derivarse de ellas, el Derecho Internacional Privado (DIPr.) desempeña un papel crucial en la unificación de estas normas y en la protección de los derechos relacionados con las obligaciones de alimentos. Esta rama del Derecho es fundamental para resolver conflictos jurídicos en situaciones en las que más de un sistema jurídico puede ser aplicable a una relación con elementos internacionales.

Como ya se ha mencionado, las normas del DIPr. que tratan cuestiones de alimentos abarcan aspectos como la competencia judicial internacional, la ley aplicable y el reconocimiento y ejecución de resoluciones.

Históricamente, en relaciones entre hombres y mujeres, esta dinámica se ha manifestado de diversas maneras, donde las mujeres frecuentemente se ven obligadas a depender económicamente de sus parejas masculinas. Esta dependencia no solo afecta su capacidad para negociar acuerdos justos, sino que también perpetúa ciclos de desigualdad y vulnerabilidad.

Las normas que regulan las pensiones alimenticias buscan mitigar estas desigualdades al establecer mecanismos claros para el cumplimiento de las obligaciones alimentarias. Sin embargo, su efectividad depende en gran medida de la aplicación equitativa de la ley y del reconocimiento de las asimetrías de poder existentes. En este sentido, es crucial que los operadores jurídicos actúen con perspectiva de género, reconociendo cómo las estructuras sociales pueden influir en la interpretación y aplicación de estas normas.

A pesar de los avances en la legislación, los desafíos persisten. Muchas veces, las mujeres enfrentan barreras culturales y sociales que limitan su acceso a la justicia. La falta de recursos económicos y el miedo a represalias pueden disuadirlas de exigir sus derechos. Por lo tanto, no solo se necesita una legislación robusta, sino también un sistema judicial que esté capacitado para entender y abordar estas dinámicas asimétricas. La realidad de un matrimonio internacional presenta una serie de retos complejos, especialmente si se tiene en cuenta la interacción de múltiples sistemas jurídicos que se entrecruzan con la situación de las partes implicadas.

Esta multiplicidad de legislaciones puede complicar considerablemente la resolución de cuestiones jurídicas como la división de bienes, la custodia de los hijos e incluso la definición de los derechos y deberes de los cónyuges. Estos factores contribuyen a que el proceso de compensación sea largo, burocrático y a menudo injusto para quienes reclaman sus derechos.

Así, es necesario establecer una estructura institucional especializada para la obtención y transferencia de recursos relacionados con la compensación económica. Esta propuesta surge como una solución prometedora para abordar los retos actuales en este campo.

Una institución especializada podría centralizar toda la información pertinente sobre compensaciones económicas, facilitando el acceso a los datos sobre obligaciones de alimentos, plazos e importes adeudados. Esta centralización beneficiaría tanto a los beneficiarios como a los deudores, permitiendo a ambos comprender mejor sus responsabilidades y derechos.

Con un sistema organizado, sería más fácil para las partes interesadas consultar información sobre los procesos en curso, el historial de pagos y los posibles impagos, lo que reduciría la burocracia y el tiempo dedicado a buscar información.

La nueva estructura tendría capacidad para supervisar el cumplimiento de las obligaciones de alimentos, lo que permitiría actuar rápidamente en caso de incumplimiento. Esto podría incluir notificaciones automáticas y, en caso necesario, la remisión a la vía judicial. La creación de un sistema transparente aumentaría la confianza entre las partes implicadas, ya que existiría un mecanismo fiable para gestionar las indemnizaciones. La centralización y automatización de los procesos podría reducir significativamente el tiempo necesario para resolver las disputas relacionadas con la compensación económica, aliviando la carga del sistema judicial.

Además de eso, la ampliación de la mediación extrajudicial puede ser una herramienta efectiva para equilibrar estas relaciones desiguales. Al proporcionar un espacio neutral donde ambas partes pueden expresar sus necesidades y preocupaciones, se busca empoderar a la parte más débil. A través de técnicas específicas, como el reconocimiento de las dinámicas de poder y el empoderamiento de las partes involucradas, se puede facilitar un diálogo más equitativo.

Esto no solo ayuda a alcanzar acuerdos más justos, sino que también contribuye a una mayor conciencia sobre las desigualdades estructurales que afectan a los individuos en situaciones similares.

Para implantar eficazmente esta estructura, lo ideal sería desarrollar una plataforma digital en la que los usuarios pudieran registrar su información económica, solicitar indemnizaciones y seguir el estado de los casos. Aunque esta solución requiere una inversión considerable, es crucial asegurarse de que los profesionales implicados tengan conocimientos adecuados de Derecho internacional y finanzas. Además, promover campañas de sensibilización para informar a la población sobre los derechos relacionados con la compensación económica y sobre cómo utilizar la nueva estructura podría aumentar la adhesión al sistema. De este modo, la propuesta no sólo pretende resolver los problemas existentes, sino que también busca crear un entorno más justo y eficiente para todos los implicados en el proceso de separación o divorcio.

Por fin, también se nota una ampliación de perspectivas de inclusión en el debate sobre las obligaciones alimentarias. Un ejemplo de ello es la interpretación amplia del concepto de «pensión alimenticia», que ahora abarca también las pensiones compensatorias tras el divorcio. Además, el debate sobre quién puede ser considerado acreedor o deudor de alimentos se está ampliando para incluir nuevas realidades familiares, como los padrastros y los hijos de relaciones homosexuales. Esta evolución de los debates refleja los cambios en la dinámica familiar y la creciente valoración de los derechos relacionados con las obligaciones de alimentos en Europa, reconociendo la diversidad de las estructuras familiares contemporáneas.

VII. Reflexiones finales

La evolución del Derecho de familia internacional, así como los cambios sociales y jurídicos tienen un marcado reflejo en las reclamaciones de pensiones compensatorias entre cónyuges en supuestos de tráfico jurídico externo. El incremento de los matrimonios entre personas de distinta nacionalidad, las familias con residencia en diferentes países, el aumento de las crisis matrimoniales internacionales, las divergencias entre los derechos sustantivos de los diferentes Estados, o las dificultades que los desplazamientos transfronterizos plantean a la hora del cobro de una pensión compensatoria reflejan la necesidad de que los Estados actúen en un ámbito reservado, por tradición, a la esfera privada familiar. Nos encontramos ante una cuestión que, en los últimos años, ha cobrado especial actualidad, como consecuencia del creciente carácter multicultural de nuestra sociedad. El incremento de matrimonios entre cónyuges de diferente nacionalidad ha generado, directamente, un aumento del volumen de reclamaciones.

La pensión compensatoria entre cónyuges en el ámbito del Derecho internacional privado es fiel reflejo del proceso de codificación internacional en la materia desarrollado en los tres ámbitos tradicionales: competencia judicial internacional, ley aplicable y reconocimiento y ejecución de las relaciones en esta materia.

La compleja situación que ha existido hasta el momento en esta materia se ha resuelto, en gran medida, gracias al Reglamento 4/2009 y al Protocolo de La Haya 2007, al contener, dichas normas, los tres sectores clásicos del Derecho internacional privado que afectan a la pensión compensatoria entre cónyuges en el ámbito del Derecho internacional privado incorporando, además, disposiciones en materia de asistencia jurídica gratuita y sobre cooperación entre las autoridades centrales. Ha supuesto la sustitución del modelo español de competencia judicial internacional y de determinación de la ley aplicable y, en mayor o menor medida, de reconocimiento y ejecución de las resoluciones judiciales en esta materia.

Ante esta difícil situación, es esencial una planificación jurídica cuidadosa. Las parejas que contraen matrimonio internacional deben ser conscientes de las implicaciones jurídicas que su unión puede tener en las distintas jurisdicciones. Consultar a abogados especializados en Derecho internacional privado puede ayudar a aclarar las opciones disponibles y proteger los intereses de ambos cónyuges.

VIII. Bibliografía consultada y recomendada

ÁLVAREZ DE TOLEDO QUINTANA, L., "La cuestión previa de la 'existencia de matrimonio' en el proceso de divorcio con elemento extranjero", en *Cuadernos de Derecho Transnacional*, núm. 2, 2013.

ARENAS GARCÍA, R., *Crisis matrimoniales internacionales. Nulidad matrimonial, separación y divorcio en el nuevo Derecho internacional privado español*, Ed. Universidad de Santiago de Compostela, Servicio de Publicaciones e Intercambio científico, 2004.

CALVO CARAVACA, A.L y CARRASCOSA GONZÁLEZ, J. (dirs.), *Compedio de derecho interncional privado*, 6ª edición, Rapid centro color, S.L., Murcia, 2024.

CALVO CARAVACA, A.L y CARRASCOSA GONZÁLEZ, J., *Tratado de Derecho internacional privado*, 2ª edición, Tirant lo Blanch, Valencia, 2022.

ESPLUGUES MOTA, C., IGLESIAS BUHIGUES, J.L. y PALAO MORENO, G., *Derecho internacional privado*, 17ª edición, Tirant lo Blanch, Valencia, 2023.

ESTEBAN DE LA ROSA, G., *Cuaderno de trabajo de Derecho internacional privado*, Colex, A Coruña, 2023.

FERNÁNDEZ ROZAS, J.C. y SÁNCHEZ LORENZO, S., *Derecho Internacional Privado*, Civitas, 9ª edición, Madrid, 2016.

GARCIMARTÍN ALFÉREZ, F.J., *Derecho internacional privado*, 6ª edición Civitas, Madrid, 2021.

GONZÁLEZ BEILFUS, C. y AÑOVEROS TERRADAS, B., *Introducción al Derecho internacional privado,* Atelier, Barcelona, 2023.

IRIARTE ÁNGEL, J. L. (coord.), CASADO ABARQUERO, M. (coord.), MUÑOZ FERNÁNDEZ, A. (coord.), *Derecho internacional privado,* Aranzadi Thomson Reuters, Navarra, 18ª edición 2021.

LOPEZ-TARRUELLA MARTÍNEZ, A., *Manual de Derecho internacional privado,* 4ª edición, Editorial Club Universitario, Alicante, 2021.

ORTEGA GIMÉNEZ, Alfonso (Dir.), *Curso práctico interactivo. Derecho internacional privado,* Editorial COLEX, A Coruña (Galicia), 2024.

ORTEGA GIMÉNEZ, A., *Código Universitario de Derecho Internacional Privado. Tomos I y II,* Boletín Oficial del Estado, Madrid, 2023.

ORTEGA GIMÉNEZ, A. (Dir.), *Derecho internacional privado. Materiales para su estudio,* SEPIN, Madrid, 2023.

ORTEGA GIMÉNEZ, A., "Los reglamentos europeos en derecho de familia: crisis matrimoniales internacionales", en DE VERDA Y BEAMONTE, José Ramón, *GPS Familia,* Editorial Tirant lo Blanch, Valencia (España), 2023, pp. 1021-1033.

ORTEGA GIMÉNEZ, A., "La pensión compensatoria entre cónyuges en el derecho internacional privado español", en Revista Aranzadi de Unión Europea, nº 7, Editorial Aranzadi, S.A.U., Cizur Menor (Navarra), Julio 2017, pp. 55-66.

ORTEGA GIMÉNEZ, A., "La pensión compensatoria entre cónyuges en el derecho internacional privado español", en *Revista Aranzadi* Doctrina, núm. 3/2016, Editorial Aranzadi, SA, Cizur Menor (Navarra), marzo 2016, pp. 201-212.